AF628813

# WAS ECHTE *Pferdemädchen* WISSEN MÜSSEN …

Foto © Bettina Liebscher
WAS ECHTE
Pferdemädchen
WISSEN MÜSSEN ...
CADMOS
green PRINT

Osteo-
DRESSAGE.college
Katharina Möller-Weingand
Claudia Weingand
Sontje Franck
... und warum Pferdeliebe
allein nicht reicht!

**Liebe Leserin,**

wir freuen uns, dass wir dir mit unserem Buch neue Inspiration liefern dürfen und hoffen, es wird dir gefallen. Weitere Leseabenteuer mit verbriefter Fachinformation findest du auf www.cadmos.de

Wenn du mit uns in Verbindung treten oder deine Erfahrungen teilen möchtest, dann tue das bitte unter:

https://www.facebook.com/cadmosverlag

https://www.instagram.com/cadmosverlag

oder per Mail an info@cadmos.de

**Wir freuen uns schon jetzt über dein Feedback!**



**ISBN:** 978-3-8404-1102-1, 1. Auflage 2024

**Deutsche Nationalbibliothek – CIP-Einheitsaufnahme**

Die Deutsche Nationalbibliothek verzeichnet diese Publikation in der Deutschen Nationalbibliografie; detaillierte bibliografische Daten sind im Internet über http://dnb.ddb.de abrufbar.



**Viel Freude mit diesem Buch wünscht dir das CADMOS-Team:**

**Autorinnen:** Sontje Franck, Katharina Möller-Weingand, Claudia Weingand

**Covergestaltung, grafisches Konzept, Satz:** Gerlinde Gröll

**Lektorat:** Madeleine Franck

**Korrektorat:** Gertrud Döffinger

**Umschlagfotos:** Madeleine Franck

**Fotos im Innenteil:** Madeleine Franck, Bettina Liebscher, Shutterstock.com

**Illustrationen:** Verena Geiger

**Wir übernehmen Verantwortung:**

Dieses Buch wurde anhand ausgewählter Qualitätskriterien ressourcenschonend und schadstofffrei in Cadmos Qualität für dich hergestellt. Das verwendete Papier für Kern und Cover ist PEFC©-zertifiziert, der Druck erfolgte CO$^2$-neutral.

Der Inhalt ist auf Magno matt 135 $g/m^2$ mit 1,01 Volumen für dich gedruckt, ein matt gestrichenes Bilderdruckpapier, das die Farben leuchten lässt und dem Inhalt einen hochwertigen Charakter verleiht.

Das Cover wurde auf Peyvida puro 270 $g/m^2$ gedruckt, einem Naturkarton mit ansprechender Optik und Haptik.

Auf Laminierung und Einschweißen in Plastikfolie verzichten wir – für unsere Umwelt und unsere Zukunft.

Gedruckt und gebunden wurde dieses Buch in der EU (wir wollen lange Transportwege vermeiden), bei unserem langjährigen, bewährten Druckpartner GRASPO (www.graspo.com).

FSC
www.fsc.org
MIX
Papier | Fördert gute Waldnutzung
Paper | Supporting responsible forestry
FSC® C010798

Product footprint
$CO_2$ Neutral
PBN-CFMC-059235
www.preferredbynature.org

**Uns ist wichtig:**

**Gender-Erklärung:** Da im Pferdesport über 80% Frauen und Mädchen vertreten sind, haben wir dieses Buch explizit den Pferdemädchen gewidmet und uns zudem für die Verwendung der weiblichen Sprachform entschieden. Alle Geschlechter sollen sich dennoch gleichermaßen wahrgenommen und wertgeschätzt fühlen.

Foto © Madeleine Franck

Foto © Madeleine Franck

# Inhalt

Foto © Madeleine Franck

# Vorwort

## Warum dieses Buch

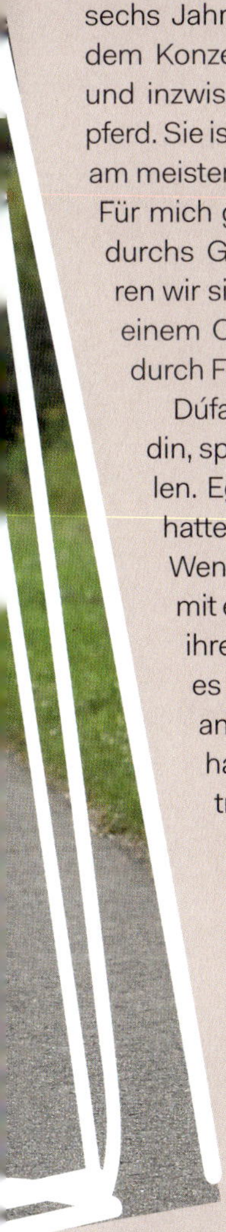

Ich bin Sontje, zurzeit vierzehn Jahre alt und lebe in Norddeutschland. Tiere sind schon immer der wichtigste Bestandteil meines Lebens; mein erstes Wort war „Tom", der Name unseres damaligen Katers. Sobald ich sitzen konnte, hat Mama mich aufs Pferd gesetzt, und so ist es kein Wunder, dass ich heute ein echtes Pferdemädchen bin. Dúfa, unsere elfjährige Islandstute, kam vor sechs Jahren roh zu uns. Wir haben sie nach dem Konzept von OsteoDressage angeritten, und inzwischen ist sie ein absolutes Verlasspferd. Sie ist für jeden Quatsch zu haben und hat am meisten Spaß beim Üben von neuen Tricks. Für mich gibt es nichts Schöneres, als mit ihr durchs Gelände zu reiten. Übrigens trainieren wir sie, genau wie unsere drei Hunde, mit einem Clickwort und positiver Verstärkung durch Futterbelohnung.

Dúfa und Funny, meine Mini-Aussie-Hündin, spielen in meinem Leben die Hauptrollen. Egal, wie viel Stress ich in der Schule hatte, die beiden sind immer für mich da. Wenn ich an den Stall komme, von Dúfa mit einem Brummeln begrüßt werde und ihre warme Nase streicheln kann, geht es mir sofort gut. Ist das nicht das Tolle an den Tieren, dass sie uns immer lieb haben, Fehler verzeihen und uns vertrauen?

Doch was ist, wenn wir dieses Vertrauen brechen und ein Pferd durch unsere Schuld leiden muss? Das passiert leider viel zu oft völlig unbeabsichtigt und unbemerkt, einfach weil man es nicht besser weiß oder falsche Ratschläge bekommt. Oft wird Pferden Unrecht getan, wenn es heißt, das Pferd wolle seinen Reiter ärgern oder vorführen und man müsse sich jetzt durchsetzen. Meistens haben widersetzliche Pferde in Wahrheit Schmerzprobleme durch falsches und verschleißendes Reiten, es gibt unerkannte Lahmheiten oder unpassendes Equipment. Oft entstehen Missverständnisse auch durch Fehler bei der Hilfengebung, und ich finde, all diese Probleme sollte man doch lösen, oder?

Im Laufe der Zeit mit Dúfa habe ich festgestellt, dass Pferdeliebe allein nicht reicht, um glücklich mit seinem Lieblingspferd zu sein. Auf TikTok und Instagram, aber auch sonst überall im Internet bekommt man haufenweise Informationen und einiges an Fehlinformationen. Zu entscheiden, was davon man glauben soll, ist gar nicht so leicht. Genau deshalb wollte ich ein Buch für echte Pferdemädchen schreiben, die Pferde genauso lieben wie ich und sich immer weiter verbessern wollen. Ich habe das Glück, einfach Katharina Möller-Weingand und Claudia Weingand fragen zu können, wenn ich etwas über pferdegerechtes Reiten wissen will. Als ich vor ein paar Jahren das erste Mal in der Führzügelklasse bei einem Turnier gestartet bin, sagte Katharina vorher zu mir: „Es geht nicht darum, eine Schleife zu gewinnen, sondern das Herz des Ponys." Dieses Buch hilft dir genau dabei: eine echte Freundschaft zu deinem Herzenspferd aufzubauen, zu verstehen, was Pferde brauchen, sie genauso glücklich zu machen, wie sie uns machen, und so zu reiten, wie Pferde es lieben!

*Eure Sontje*

**Sontje Franck** im März 2024

Viel Platz für freie Bewegung und der Kontakt zu Artgenossen sind notwendig für ein glückliches Pferdeleben.

# Pferdehaltung

**Vielleicht fragst du dich, warum dieses Buch mit dem Kapitel „Pferdehaltung" beginnt und weshalb dieses Thema überhaupt wichtig ist für ein Pferdemädchen. Auch wenn du deine ganze Freizeit bei deinem Pferd, Pflegepferd oder im Reitstall verbringst, ist das doch nur ein kleiner Zeitanteil im Alltag deines Pferdes.**

Katharina und Claudia leben sogar auf ihrer Reitanlage und trotzdem führen ihre Pferde die meiste Zeit ihr eigenes Leben. So geht es auch unserer Dúfa, denn wir sehen sie täglich zwei bis drei Stunden und am Wochenende auch mal ein paar Stunden mehr. Aber die restlichen 21 bis 22 Stunden sind viel entscheidender dafür, wie zufrieden sie ist. Ich wünsche mir, dass sie glücklich mit ihrem Leben ist, für das wir die Verantwortung übernommen haben. Dass sie ihre Herdenmitglieder mag, die sie sich nicht selbst aussuchen konnte. Dass es ihr gut geht mit dem Futter, das sie bekommt. Dass sie sich in ihrem Stall wohlfühlt und sie selbst entscheiden kann, ob sie gerade lieber im Regen stehen oder sich unterstellen oder

## Wie Pferde leben wollen

Pferde sind Bewegungstiere, deren Natur es entspricht, viele Stunden und Kilometer am Tag mit der Futtersuche zu verbringen. Wilde Pferde leben noch heute in Herden, die zusammen herumwandern, fressen, trinken und sich ausruhen. Auch wenn Wildpferde an verschiedenen Orten der Welt einen unterschiedlichen Lebensstil haben, kann man aus den Gemeinsamkeiten in ihrem Leben wichtiges Wissen über die Basics ihrer Bedürfnisse ableiten:

- Pferde brauchen jeden Tag viel freie Bewegung.
- Pferde brauchen Sozialkontakte zu anderen Pferden.
- Pferde brauchen viele Stunden am Tag die Möglichkeit, sich mit Futtersuche und Fressen zu beschäftigen.
- Pferde brauchen ausreichend Ruhe- und Schlafmöglichkeiten.

sich bewegen möchte. Dass sie sich nicht den ganzen Tag langweilt und nur darauf wartet, wann wir sie besuchen.

Ob die Grundbedürfnisse eines Pferdes im Alltag befriedigt sind, hat eine große Auswirkung darauf, wie ausgeglichen es ist, wie es sich im Umgang mit dem Menschen und auch beim Reiten benimmt. Missverständnisse entstehen oft schon deshalb, weil es dem Pferd in seinem Alltag nicht gut geht. Das gilt übrigens auch für alle anderen Tiere, die in menschlicher Obhut leben. Umso wichtiger ist es, die Bedürfnisse von Pferden überhaupt zu kennen, damit man ihnen ein artgerechtes Leben bieten kann.

Wenn du noch gar kein eigenes Pferd hast, ist es vielleicht dein Traum, eines Tages eins zu haben? Dann kannst du bis dahin einschätzen üben, wie gut es den Pferden geht, mit denen du jetzt schon befreundet bist.

Der Körper und die Psyche von Pferden sind darauf ausgelegt, dass diese Bedingungen erfüllt sind. Fehlen beispielsweise ausreichende Bewegungsmöglichkeiten, können Pferde Schäden am Bewegungsapparat davontragen, eine Stoffwechselerkrankung, Probleme mit dem Herz-Kreislauf-System, der Lunge oder andere körperliche Probleme entwickeln. Probleme können genauso im Verhalten entstehen, vielleicht hast du das selbst schon erlebt. Dürfen Pferde im Winter weniger oder gar nicht mehr auf die Koppel, wollen sie ihr Bewegungsbedürfnis woanders ausleben und nutzen die Reiteinheiten, um ihre Energie loszuwerden. Oder sie sind schon beim Führen schwierig zu händeln, können am Putzplatz schlecht stillstehen und so weiter. Dann wird der Reitunterricht zur Stressveranstaltung oder der Ausritt endet damit, dass du das Gefühl hast, dein Pferd überhaupt nicht mehr halten zu können.

Geht es dir auch so, dass du schlechte Laune bekommst, wenn du hungrig bist oder nicht genug geschlafen hast? Das gleiche Phänomen lässt sich auch bei Pferden beobachten. Über Futter kannst du am Ende dieses Kapitels noch mehr lesen, aber den Schlaf schauen wir uns hier genauer an: Viele Nichtpferdemenschen denken, dass Pferde ausschließlich im Stehen schlafen. Tatsächlich verbringen sie den größten Teil ihrer Schlafenszeit im Stehen, mit herabhängendem Kopf und entspannter Muskulatur. Sie können in dieser Position ausruhen und sind gleichzeitig schnell bereit zu flüchten, falls eine Gefahr droht. Wenn sie sich absolut sicher fühlen, legen sich Pferde zum Schlafen jedoch auch hin.

Nur im Liegen kommt beim Pferd die Traumschlafphase, der sogenannte REM-(Rapid Eye Movement)Schlaf vor. Diese Art von Schlaf ist besonders wichtig für die Erholung des Gehirns und das Verarbeiten von Dingen, die das Pferd gelernt hat. Fehlt einem Pferd der REM-Schlaf oder schläft es insgesamt zu wenig, kann das Gesundheitsschäden, aber auch Konzentrationsprobleme, Reizbarkeit und sogar aggressives Verhalten zur Folge haben.

Die Gründe dafür, dass ein Pferd zu wenig schläft, können vielfältig sein. Vielleicht fühlt es sich durch andere Herdenmitglieder oder die Umgebung gestresst. Wenn es in einem Offenstall lebt, gibt es vielleicht keine ausreichend große, trockene und weiche Liegefläche für alle Pferde. Am liebsten schlafen Pferde nämlich gemeinsam in der Gruppe, wobei in der Regel ein Pferd stehen bleibt und aufpasst, während sich die anderen hinlegen. Vielleicht hat das

Pferd auch bereits gesundheitliche Probleme und das Ablegen (oder danach wieder Aufstehen) bereitet ihm Schmerzen, sodass es lieber darauf verzichtet. Wenn es in einem Stall lebt, könnte es sein, dass es sich davon gestört fühlt, dass andere Pferde an seiner Box vorbeigeführt werden.

Viele Kleinigkeiten in der Haltung können also eine ganz entscheidende Bedeutung dafür haben, wie sich ein Pferd im Alltag fühlt, wie es ihm gesundheitlich geht und wie es sich verhält. Neben Futter, Wasser, Bewegung, Herde und Schlaf gibt es noch ein paar weitere Faktoren, die für sein Wohlbefinden wichtig sind. Jedes Lebewesen möchte sich in seinem Zuhause sicher fühlen, und für ein Fluchttier spielt das Sicherheitsgefühl eine besonders große Rolle. Dafür braucht es Freunde in seiner Herde, denn: „Gemeinsam sind wir stark" gilt auch für Pferde. Auch die menschlichen Bezugspersonen und ihre Art des Umgangs können bewirken, ob sich ein Pferd sicher oder stattdessen verunsichert und gestresst fühlt. Behandle dein Pferd wie einen guten Freund: Sei freundlich, zuverlässig, empathisch, achte darauf, wie es ihm geht, sei kompromissbereit, anstatt nur deine Vorstellungen umsetzen zu wollen, und hab Spaß mit ihm. Letzteres sorgt gleichzeitig dafür, dass ein weiteres Pferdebedürfnis befriedigt wird, denn auch Pferde brauchen Spaß und Abwechslung in ihrem Leben. Die meisten Pferde lernen sehr gern neue Dinge und wollen etwas unternehmen, damit ihnen nicht langweilig wird. Denn so ein Pferdetag kann je nach Haltungsform ganz schön eintönig sein, wenn man ihn mit dem vergleicht, was Pferde in der Natur unternehmen würden.

## Verschiedene Haltungskonzepte

An den Grundbedürfnissen von Pferden gibt's nichts zu rütteln. Dennoch kann man nicht einfach alle domestizierten Pferderassen von heute wie Wildpferde halten, damit sie glücklich sind. Durch die gezielte Zucht hat der Mensch bestimmte Eigenschaften bei Pferden verstärkt, die optimal angepasst für ein spezielles Lebensumfeld und eine spezielle „Nutzung" des Pferdes sind. Dazu kommt, dass jedes Pferd ganz individuelle Bedürfnisse hat. All dem gerecht zu werden, geht nur, wenn man jedes Pferd einzeln betrachtet.

Nehmen wir beispielsweise unsere Dúfa: Sie ist ein Islandpferd und damit ein sogenanntes Robustpferd. In Island beträgt die Jahresdurchschnittstemperatur 5 °C, der Winter ist lang und kalt, sogar im Sommer ist es um die 15 Grad bis höchstens mal 20 Grad warm. Dúfa entwickelt schon im Spätsommer ein dickes Winterfell, sie hat außerdem eine superdicke, kälteisolierende Haut und fühlt sich bei kühlem Wetter grundsätzlich pudelwohl. Sie kann ganzjährig draußen leben, ohne zu frieren, dafür ist ihr im Frühling, Sommer und Herbst hier in Deutschland schnell zu warm.

Was Dúfas Haltung schwierig macht, ist, dass auch der Rest ihres Körpers genetisch an das Leben auf einer rauen, kargen Insel angepasst ist. Auf Island wachsen viele Moose, Flechten und Kräuter, die von den Pferden gefressen werden. Der Boden und somit die dort wachsenden Pflanzen enthalten viel mehr Mineralien, aber gleichzeitig weniger Energie als das Gras, das auf deutschen Weiden wächst oder zu Heu gemacht wird.

Dúfa neigt daher zu Übergewicht und es ist immer ein Kompromiss, ihre Bewegungs- und Futterbedürfnisse mit denen der anderen Pferde in ihrer Herde abzustimmen. Würden wir ihr rund um die Uhr Zugang zur Weide oder 24/7 Heu ermöglichen, wäre sie innerhalb kurzer Zeit so dick, dass ihr Stoffwechsel gestört wäre und sie ein hohes Risiko für Hufrehe hätte.

# Englische Ponys im deutschen Naturschutzprojekt

Im Herbst haben wir eine kleine Herde englischer Exmoor-Ponys entdeckt, die in einem Ganzjahresbeweidungsprojekt zusammen mit Wasserbüffeln und Taurusrindern auf einer großen, abwechslungsreichen Fläche leben. Auf den ersten Blick scheint diese Haltung traumhaft – die Ponys haben sehr viel Platz zum Umherziehen und können innerhalb der Zäune völlig selbstbestimmt leben. Exmoor-Ponys sind eine sehr ursprüngliche Rasse, und es gibt auch in England heute noch viele Herden, die im Exmoor-Nationalpark frei leben und umherwandern. Bei genauerem Hinsehen scheint jedoch die Übertragung der Haltungsbedingungen doch nicht so einfach zu sein: Alle Ponys der deutschen Herde haben massives Übergewicht, was bei Pferden zu zahlreichen gesundheitlichen Problemen führt. Ob diese Ponys schon krank sind und vielleicht sogar akut Schmerzen haben? Schau dir die angespannte Mimik der beiden Ponys und die Körperhaltung an, um eine eigene Einschätzung zu finden!

Fotos © Madeleine Franck

Übergewichtige Exmoor Ponys im deutschen Naturschutzprojekt.

Wild lebende Ponys im Dartmoor Nationalpark.

Foto © Madeleine Franck

Das VIDEO dazu
bit.ly/3wjRowU

# Ponys im Dartmoor-Nationalpark

Quasi als entfernte Nachbarn der Exmoor-Ponys leben im englischen Dartmoor-Nationalpark viele Ponyherden noch wie Wildpferde frei in einem riesigen Gebiet. Es sind zum einen Dartmoor-Ponys, aber auch sogenannte Hill-Ponys, die durch Einkreuzungen mit anderen Ponyrassen entstanden sind. Übergewichtige Ponys trifft man hier keine an, obwohl die Tiere den ganzen Tag und das ganze Jahr hindurch grasen können. Die genügsamen Ponys sind perfekt auf die Vegetation ihres Lebensraums angepasst.

# Boxenhaltung

Die meisten Pferde in Deutschland leben in Boxenhaltung. Es gibt Innenboxen in geschlossenen Ställen, Außenboxen, die einen Ausblick nach draußen bieten, und Paddockboxen, bei denen jedes Pferd einen eigenen kleinen Außenbereich angrenzend an seinen Stall hat. Boxenhaltung bedeutet, dass die Interaktion zwischen den Pferden eingeschränkt ist, sie sich kaum bewegen und ihren Nachbarn nicht ausweichen können. Stell dir vor, du müsstest in der Schule die ganze Zeit neben einem Tischnachbarn sitzen, den du nicht leiden kannst. Blöde Situation. Lebt ein Pferd in Boxenhaltung, braucht es trotzdem täglich mehrere Stunden die Möglichkeit, sich auf der Weide oder auf dem Paddock frei zu bewegen und mit anderen Pferden Sozialkontakte zu pflegen. Kommt ein Pferd nur vier Stunden auf den Paddock, heißt das umgekehrt, dass es sich 20 (!) Stunden lang die Beine in den Bauch steht.

Eine Box bietet jedoch auch Vorteile für solche Pferde, die im Offenstall nicht genug schlafen würden, die durch dauerhafte Gruppenhaltung gestresst sind oder es im Winter lieber etwas wärmer haben. Entscheidet man sich aus einem guten, für das individuelle Pferd wichtigen Grund für Boxenhaltung, sollte man alle Bedingungen optimieren: die Zeit in der Box so kurz wie möglich, die Box so groß wie möglich und die Nachbarn so nett wie möglich. Wohnen zwei Pferdefreunde in benachbarten Boxen, können sie sich über die Boxenwand hinweg kraulen – vorausgesetzt, es gibt keine Gitter.

## Leitlinien zur Beurteilung von Pferdehaltungen unter Tierschutzgesichtspunkten

**Wusstest du, dass es Leitlinien zur Pferdehaltung gibt, die sich auf das Tierschutzgesetz beziehen? Wer ein Pferd hält, ist nämlich laut Gesetz verpflichtet, es seinen Bedürfnissen gemäß angemessen zu ernähren, zu pflegen und unterzubringen. Die in diesen Leitlinien genannten Größen für Boxen, Auslauf und so weiter sind als Mindeststandards zu verstehen. Demnach muss eine Einzelbox mindestens 2 x (Widerristhöhe)$^2$ groß sein, eine Fläche, die auch jedem einzelnen Pferd als Liegefläche in einem Offenstall zur Verfügung stehen muss. Ein Auslauf muss für zwei Pferde mindestens 150 m$^2$ und für jedes weitere Pferd plus weitere 40 m$^2$ groß sein. Aus wissenschaftlichen Untersuchungen weiß man, dass Pferde eigentlich viel mehr Platz brauchen, um stressfrei miteinander leben zu können. Trotzdem ist es spannend, sich die Leitlinien einmal durchzulesen und kritisch zu vergleichen, ob die Pferdehaltung im eigenen Reitstall diese Bedingungen überhaupt erfüllt.**

**Unter bit.ly/3SN3vLG kannst du die Leitlinien zur Pferdehaltung einsehen.
Oder du scannst einfach den QR-Code.**

Dúfa und ihre beste Freundin Nini bei der gegenseitigen Fellpflege.

# Offenstallhaltung

Viele Menschen, die ihre Pferde nicht in einem Pensionsstall, sondern bei sich zu Hause halten, haben einen Offenstall. Auch die meisten Robustpferderassen und Ponys werden traditionell draußen statt in einer Box gehalten. Eine gute Offenstallhaltung ist dabei nicht weniger aufwendig als eine gute Stallhaltung. Leben Pferde das ganze Jahr Tag und Nacht draußen, brauchen sie einen offen zugänglichen Stall, in dem sie vor Wind, Wetter und im Sommer vor Insekten geschützt sind. Sie brauchen eine weiche, verformbare Liegefläche zum Schlafen, möchten bei Regen nicht im Matsch stehen und gern auch ihr Heu im Trockenen fressen.

Eine Offenstallhaltung bedeutet nicht automatisch, dass die Pferde sich mehr bewegen. Bietet der Paddock keine anderen Beschäftigungsmöglichkeiten, als vor der Heuraufe zu stehen, kann das Leben hier ähnlich langweilig werden wie in der Box.

In der Regel ist Offenstallhaltung mit Herdenhaltung verbunden, wobei natürlich auch Zweier- oder Dreiergruppen möglich sind. Sind in einem solchen Haltungskonzept nicht genügend Fress- und Ruheplätze vorhanden oder ist der Platz zum Ausweichen zu gering, kann es auch hier zu Stress mit Artgenossen kommen.

# Aktivstall und Paddock Trail

Um die verschiedenen Grundbedürfnisse von Pferden noch besser befriedigen zu können, sind Haltungskonzepte entstanden, die das Offenstallleben mit zusätzlichen Bewegungsanreizen kombinieren und die Dauerfuttersuche von wild lebenden Pferden nachahmen. Als Aktivstall bezeichnet man dabei Ställe, in denen es auf einem großen Paddock verschiedene automatische Futterstationen mit zeitgesteuerter Fütterung gibt. Die Pferde tragen einen Computerchip, auf dem eingespeichert ist, wie lange sie jeweils fressen dürfen, bevor sie die Futterstation wieder verlassen und sich woanders neu anstellen müssen. Problematisch wird es, wenn zu viele Pferde in einer Herde leben, sodass lange Wartezeiten und Stress bei der Benutzung der Futterstationen entstehen.

Da Pferde eigentlich viel lieber gemeinsam in der Herde fressen, gibt es in manchen Aktivställen statt Einzelfutterautomaten auch einen zeitgesteuerten Gruppenzugang.

Im Paddock Trail gibt es nicht (nur) einen großen Paddock, sondern einen Weg (englisch „Trail"), meist einen Rundweg oder ein ganzes Wegenetz, auf dem die Pferde umherwandern können. Damit sie dies auch tun, wird an verschiedenen Stellen auf dem Trail Raufutter verteilt, und es gibt attraktive Orte, wie einen gemütlichen Sandliegeplatz, einen Unterstand, einen Aussichtshügel, eine Wasserstelle, Salzlecksteine, Kratzbäume und Ähnliches.

Auf einem gut angelegten Trail laufen die Pferde mehrere Kilometer am Tag gemeinsam in der Herde, was ihrem natürlichen Verhalten am nächsten kommt. Vor allem für Pferde, die nicht oder nur eingeschränkt auf die Weide dürfen, bietet das Leben im Paddock Trail eine wunderbare Alternative.

# Vertrauen statt Dominanz

## von Gastautorin Marlitt Wendt

Früher dachte man, es gäbe in jeder Pferdegruppe einen Chef. So einen richtigen Leithengst oder eine Leitstute, der oder die alles entscheidet und über alle anderen bestimmt. Ein einziges Pferd, das die anderen vom Futter wegschicken kann und durch seine hohe Aggressivität auffällt. Deswegen nahm man an, dass auch der Mensch diese Chefposition einnehmen müsste und alle Pferde sich dann bereitwillig unterordnen und folgen würden. Das nannte man „Dominanztraining".

Das Wort Dominanz leitet sich vom lateinischen Wort „Dominus" für „Herr" ab. „Dominant zu sein" bedeutet also entsprechend: „etwas beherrschen" oder „etwas bestimmen".

Foto © Archiv M. Wendt

**Verschiedene Pferdegruppen**

Nun ja: Irgendwann früher dachte man auch, die Erde wäre eine Scheibe. Die Forschung hat inzwischen seit Jahrzehnten einen etwas genaueren Blick auf die Pferdeherde und ihr Zusammenleben geworfen. Pferde leben in Gemeinschaften, so viel ist weiterhin richtig. Diese Gemeinschaften sind allerdings unterschiedlich aufgebaut. Da gibt es zum Beispiel die sogenannten Familienverbände. Das sind kleine Herden mit einem Hengst und einer oder zwei bis drei Stuten und deren gemeinsamen Nachwuchs. Dieser Familienverband ist durchaus mit unseren menschlichen Familien vergleichbar.

Jedes Pferd hat seine ganz eigene Persönlichkeit, und je nachdem, wie ein Pferd so tickt, wird es in einer Gruppe bestimmte Aufgaben übernehmen und in diesem Lebensbereich wichtige Entscheidungen treffen. Es kann also sein, dass die Herde der einen Stute zu den besten Weideplätzen folgt, aber gleichzeitig einer anderen Stute im Hinblick auf die Außensicherung der Gruppe vertraut. Die Tiere kennen sich untereinander sehr gut und bilden ein

**MARLITT WENDT ist Verhaltensbiologin und versteht sich als Botschafterin der Pferde, wenn es darum geht, neue wissenschaftliche Erkenntnisse in praxistaugliche Konzepte zu übersetzen. Sie ist außerdem Pferdetrainerin und eine Pionierin auf dem Gebiet der Pferdeausbildung mit positiver Verstärkung.**

Beziehungsgeflecht mit mehr oder weniger engen Freundschaften und gemeinsamen Aktivitäten.

Die einzelnen Familienverbände würden sich in der Natur wiederum zu größeren Herden zusammenschließen. Manchmal treffen sich diese Gruppen nur an bestimmten Orten, wie den Wasserstellen, manchmal gehen sie, beispielsweise jahreszeitlich bedingt, gemeinsam auf eine Wanderung zu einem anderen Standort.

Neben den Familienverbänden gibt es auch noch Jungpferdegruppen oder auf Englisch die „Bachelor Groups". Meist sind das die männlichen Jungpferde, die noch keine eigene Familie gegründet haben. Sie sind stattdessen zunächst mit Freunden unterwegs, die sich gegenseitig schützen, miteinander spielen, sich im Spiel entwickeln und erwachsen werden. Das, was man früher die „Rangordnung" nannte, konnten die Wissenschaftler auch in den Jungpferdegruppen so nicht finden. Die Vorstellung, dass es ein Chefpferd auf dem höchsten Posten gäbe, dem alle anderen Pferde nachfolgen würden, stimmt also gar nicht. Mehr noch: In diesen Bachelor Groups wechseln die Pferde – dadurch, dass sie sich ja in ihrer Persönlichkeit weiterentwickeln – noch häufiger ihre Stellung. Sie lernen sich zu behaupten und lernen mit anderen zu kooperieren.

In unserem menschlichen Umfeld haben wir gar keine Natur. Wir haben keine über Jahre zusammengewachsenen Familien und Herden, sondern stellen Pferdegruppen so zusammen, wie es für uns Menschen sinnvoll erscheint. Da achtet man dann zum Beispiel sehr darauf, wie viel Futter das ein oder andere Pferd braucht, damit Shetty Purzel nicht superrund wird, während Traber Speedy immer magerer wird. Auch wenn Purzel und Speedy eventuell die besten Freunde wären, halten wir sie eher nicht ständig in derselben Gruppe. Wir wählen also Pferde aus, die bestmöglich zusammenpassen. Sowohl, was ihre Bedürfnisse betrifft, als auch, was ihren Charakter angeht. Damit sie als Herde zusammenwachsen können und sich gegenseitig vertrauen können, brauchen sie viel Zeit und Platz. Daher ist es gut, wenn man einen Stallwechsel gut durchdenkt und möglichst selten vornimmt. Denn eins ist klar: Pferde brauchen andere Pferde als Freunde. Sie verkümmern in Einzelhaltung.

## Freundschaft ist das unsichtbare Band

Zusammenfassend kann man sagen, dass Pferde untereinander ein Freundschaftssystem haben. Sie brauchen Zeit und Platz, um sich gegenseitig kennenlernen zu können. Nur dann können sie einschätzen, wie dieses oder jenes Pferd tickt, wie dessen Vorlieben und Stärken sind oder wann man ihm besser aus dem Weg gehen sollte. Wenn genügend Futter und Platz vorhanden sind, streiten sie sich eher selten, und wenn, dann nach klaren Regeln und ohne sich gegenseitig zu verletzen. Sie drohen vielleicht mal mit angelegten Ohren oder durchaus auch mit ihrer gesamten Körpersprache – wildes gegenseitiges Jagen oder Treten ist aber eher die Ausnahme und kommt nur vor, wenn die Pferde gestresst sind.

Was heißt das nun im Umkehrschluss für uns Menschen? Wir können aufatmen. Wir müssen uns nicht ständig beweisen und dem Pferd nicht demonstrieren, wie stark wir sind, auch wenn wir uns gar nicht so fühlen. Das Pferd hat so feine Antennen für unser wahres Anliegen und unsere wirklichen Gefühle, es wird uns sowieso durchschauen.

Wir müssen Pferde nicht herumscheuchen, sie vor uns hertreiben oder erschrecken. Und die Pferde schätzen es, wenn wir wir selbst

Foto © Madeleine Franck

Ohne Domianzgedanken im Hinterkopf klappt es besser mit der Freundschaft zwischen Pferd und Mensch.

sind. Wenn wir uns ihnen mit freundlichen Absichten nähern, ihnen unser Vertrauen und unsere Zuneigung schenken und einfach bei ihnen sind. Dann können sie uns auch kennenlernen und wir können im Training überlegen, wie wir gemeinsam mit dem Pferd lernen wollen.

Auch Pferde lernen gern gemeinsam mit anderen. Und vor allem wollen sie in ihrem Tempo lernen und nicht bedrängt werden. Mit viel Ruhe, Belohnungen und Geduld geht es Schritt für Schritt leichter und schneller voran als unter Druck. Denn auch das ist eine Stärke der Herde oder der Familie: das gemeinsame Erleben.

# Futter, Füttern, Leckerlis

Eigentlich sind Pferde Dauerfresser, die sich bei ihrer Futtersuche schrittweise vorwärtsbewegen, langsam und am liebsten in Gemeinschaft fressen. In ihrer natürlichen Fresshaltung haben sie also den Kopf gesenkt und stehen mit einem Vorderbein in einer Art Ausfallschritt. In vielen Ställen ist es jedoch immer noch üblich, dass die Pferde nur morgens und abends gefüttert werden. Wenn sie ihr Raufutter lose bekommen, ist das Heu (abhängig von der Pferdegröße und damit der gefütterten Menge) nach wenigen Stunden aufgefressen. Mit ein bisschen Mathe kann man sich ausrechnen, wie lange ein Pferd zu fressen hat und wie lange es bis zur nächsten Fütterung fasten müsste: Ein 500 kg großes Pferd ist bei einer Fressgeschwindigkeit von circa 40 Minuten pro 1 kg Heu und bei einer empfohlenen Futtermenge von 1,5–2 kg Heu pro 100 kg Pferd etwa 2,5–3 Stunden beschäftigt (die Fütterungsempfehlung bezieht sich auf 24 Stunden, es bekommt bei zweimaliger Fütterung also nur die Hälfte davon pro Mahlzeit). Das bedeutet, es hat rund 9 Stunden kein Futter, bis die nächste Fütterung ansteht.

Durch so lange Fresspausen können Pferde unbemerkt unter Bauchschmerzen leiden und sogar Magengeschwüre entwickeln. Unbemerkt deshalb, weil viele Menschen das Verhalten eines Pferdes als Zickigkeit abtun, wenn es beim Putzen am Bauch oder beim Gurten die Ohren anlegt, weil sie beim Gähnen an Müdigkeit denken und Zähneknirschen, Motivationslosigkeit, Nervosität oder Aggressivität nicht in Verbindung mit der Fütterung bringen.

In manchen Ställen kommen sogenannte „Slowfeeder“ zum Einsatz, also Futtersparnetze, die die Fressdauer verlängern. Alternativ kann man mehrere kleine Heuportionen über den Tag hinweg und auch spätabends noch füttern, damit die Fresspausen nicht zu lang werden.

## Was fressen Pferde?

Pferde fressen Raufutter (Heu, Heulage, Stroh), Saftfutter (Gras, Karotten, Fenchel, Rote Beete, Äpfel und viele andere Obst- und Gemüsesorten), außerdem Baumrinde und Blätter, Zweige, Moose, Flechten und Kräuter. Über Islandpferde wird gesagt, dass sie in den rauen Wintern auf Island auch mal mit eingelegtem Fisch gefüttert werden.

Da Pferde beim Grasen die Stelle unter ihrem Maul nicht sehen können, wählen sie mit ihrem Geruchs- und ihrem Tastsinn aus, was sie fressen. Dabei nutzen sie ihre Tasthaare am Maul und die mit unzähligen Nervenenden verbundenen Lippen. Sie wissen übrigens nicht von selbst, ob eine Pflanze giftig ist. Das lernen sie durch Nachahmung und Erfahrungen, das heißt, indem sie ausprobieren, ob etwas schmeckt. Giftige Pflanzen enthalten in der Regel ihre eigenen Abwehrstoffe, die unangenehm schmecken. Trotzdem kann es passieren, dass Pferde giftiges Futter aufnehmen und daran sterben, vor allem, wenn sie sehr hungrig sind oder die Vergiftung erst langsam einsetzt.

Uns ist es schon öfter passiert, dass wir Dúfa versehentlich ein Hundeleckerli statt eines Pferdeleckerli gefüttert haben, weil wir beides in der gleichen Tasche hatten. Obwohl es ihr sicherlich nicht geschadet hätte, wenn dieses eine Leckerchen in ihrem Magen gelandet wäre, hat sie es spätestens beim Kauen immer gemerkt und unter viel Kopfschütteln wieder ausgespuckt.

## Leckerli ja oder nein?

In manchen Reitschulen ist es absolut verboten, den Pferden eine Futterbelohnung zu geben. Viele Pferdemenschen haben Angst davor, dass Pferde aufdringlich werden, anfangen zu schnappen oder ständig an den Taschen

Foto © Madeleine Franck

Frisch gepflückte Hagebutten sind ein gesundes Leckerli und schmecken Dúfa.

nach Futter suchen, wenn man sie mit Leckerlis aus der Hand füttert. Andere argumentieren, dass Pferde „in der Natur" auch keine Belohnungen bekommen, wenn sie etwas gut gemacht haben. Das ist übrigens völliger Quatsch. Pferde lernen genau wie andere Tiere über positive Verstärkung. Das bedeutet, ein Pferd zeigt ein Verhalten in Zukunft mehr, das sich gelohnt hat. Bleiben wir beim Thema Fressen: Dúfa ist richtig gut darin, selbst bei dichter Schneedecke zu grasen. Sie hat gelernt, dafür erst mit dem Huf den Schnee wegzukratzen. Man könnte also sagen: „Die Natur" belohnt das Verhalten Schnee wegkratzen mit einem Grasleckerli.

Die Stute einer Freundin kann hoch hängende Äpfel wunderbar aus dem Baum pflücken (die niedrig hängenden werden immer entfernt). Sie hat gelernt, sich dafür ausbalanciert auf die Hinterbeine zu stellen. „Die Natur" belohnt also das Steigen mit einem Apfel. Wenn man weiß, wie Lernen funktioniert, kann man auch verhindern, dass Pferde schnappig werden oder Taschen durchsuchen. Dazu muss man ihnen beibringen, dass es sich für sie lohnt, genau das Gegenteil zu tun, also höflich abzuwarten, bis sie ihr Leckerli per Lieferservice ins Maul bekommen.

Wir benutzen sogar sehr viele Leckerli und Futterbelohnungen im Pferdetraining und kombinieren sie mit einem Click- beziehungsweise Markersignal. Mehr dazu kannst du im Kapitel „Bodenarbeit und Tricktraining" lesen.

## Leckerli SELBST GEMACHT

**Hast du schon mal Pferdeleckerli selbst gebacken? Dieses Rezept können wir empfehlen:**

***Zutaten:*** *300 g Haferflocken, 100 g Leinsamen, 1 zerquetschte/gemixte Banane und 2 fein geriebene Karotten*

**Alles miteinander vermengen und kurz abwarten, bis die Haferflocken etwas aufgequollen sind. Dann aus der Mischung kleine Kugeln formen, auf ein Backblech mit Backpapier legen und bei 180 Grad Umluft 30 min backen. Den Ofen abschalten und die Kugeln mit der Restwärme weitertrocknen lassen, bis der Ofen ausgekühlt ist. Die Leckerli schmecken nicht nur Pferden. Guten Appetit!**

**Achtung: Da diese Leckerlis Hafer und Zucker enthalten, sollten sie nicht in großer Menge verfüttert werden.**

Wünschst du dir auch,
die kleinsten Zeichen
deines Pferdes
zu verstehen?

# Pferdeflüstern

Mit Pferdeflüstern ist oft gemeint, dass echte Pferdefreunde sich ihren Pferden gegenüber mit ganz feinen Signalen verständlich machen. Sie müssen nur „flüstern“, anstatt grob und laut mit ihnen umzugehen. Je besser wir unsere Pferde verstehen, desto leiser und harmonischer kann uns die Kommunikation mit ihnen gelingen.

Illustration © Verena Geiger

Auch die Pferde selbst „flüstern“: Ihre Empfindungen, wie Freude oder Schmerzen, ihre Wünsche und Bedürfnisse drücken sie nur selten lautstark aus. Meistens sind es Kleinigkeiten in ihrer Mimik und ihrem Verhalten, mit dem sie uns zuflüstern, wie es ihnen eigentlich geht. Viele Menschen übergehen diese Zeichen, und dann klappt es leider nicht mit der wirklich feinen Kommunikation. In diesem Kapitel verraten wir dir, worauf du achten kannst für eine echte Freundschaft auf Augenhöhe.

**Schmerzmimik des Pferde**

| Schmerzmimik des Pferde |
|---|
| Steif rückwärts gerichtete Ohren |
| Muskelanspannung oberhalb der Augen |
| Graduelles Schließen der Augen |
| Angespannte, hervortretende Kaumuskulatur |
| Angespannte Nüstern mit abgeflachtem Nasenprofil |
| Angespannte Maulpartie mit hervortretendem Kinn |

## So kommunizieren Pferde

Pferde nutzen ihre Mimik, ihren ganzen Körper, die Körperstellung und ihre Bewegungen, um ihre Stimmungen und augenblicklichen Interessen mitzuteilen. Bestimmt hast du gelernt, auf die Ohren von Pferden zu achten: Zeigen sie nach vorn, ist ein Pferd offen und interessiert, legt es sie nach hinten an, passt ihm etwas nicht. Dabei können die Ohren noch so viel mehr, und viele weitere Muskeln am Kopf des Pferdes verändern seinen Gesichtsausdruck. Mal sind die Nüstern rund und weit geöffnet, mal schmal, mal locker, mal angespannt. Seine Augen können weich wirken oder hart, rund oder dreieckig zusammengezogen, mit Sorgenfalten darüber. Es kann vor Stress die Kiefermuskulatur anspannen, sodass die ganze Maulpartie hart wirkt, oder es kann entspannt die Unterlippe schlapp runterhängen lassen. Vielleicht macht es auch eine lange „Tapirlippe“, wenn du die richtige Kraulstelle gefunden hast.

Pferde untereinander haben es leicht, sich nonverbal zu verständigen, denn sie sprechen die gleiche Sprache. Wenn du als echtes Pferdemädchen so richtig gut pferdisch sprechen lernen möchtest, empfehlen wir dir das Buch „Was fühlt das Pferd? Signale richtig deuten – Partnerschaft verbessern“ von Marlitt Wendt.

## Stress- und Schmerzsignale erkennen

Pferde arbeiten grundsätzlich gern mit uns Menschen zusammen. Sie sind bereit, viele unserer Wünsche mit uns umzusetzen, egal, ob es dabei ums Reiten, um Bodenarbeit oder gemeinsame Ausflüge geht.

Ein gesundes Pferd bewegt sich gern, und nahezu alles, was wir mit unseren Pferden machen möchten, hat mit Bewegung zu tun. Deswegen kommt unseren Pferden das meistens sehr gelegen. In der Box oder einem Paddock zu stehen, ist nicht nur langweilig, sondern auf Dauer sogar ungesund. Je aktiver und vielfältiger du also mit deinem Pferd oder Pflegepferd unterwegs bist und dich gemein-

## Zeichen dafür, dass ein Pferd Schmerzen bei

### Kopf

- Das Pferd rollt sich ein oder streckt den Kopf krass in die Höhe, und zwar ohne dass man dabei an den Zügeln zieht.
- Es kaut mehrfach mit geöffnetem Maul, sodass man dabei seine Zunge sieht, es weiße Spuckefäden bildet und/oder anhaltend mit dem Gebiss klimpert oder knirscht.
- Die Augen wirken dreieckig oder werden länger als 2 Sekunden geschlossen gehalten.
- Das Pferd hat kein Ohrenspiel (= ständige Bewegung seiner Ohren), sondern hält seine Ohren länger als 5 Sekunden still in eine Richtung, meistens zum Reiter hin nach hinten gerichtet.
- Es stößt den Kopf wiederholt nach unten und/oder hält ihn schief.

### Bewegung

- Das Pferd läuft „auf mehreren Hufschlaglinien", also leicht seitwärts statt geradeaus.
- Es stoppt unerwartet in der Bewegung oder wechselt plötzlich ungefragt die Gangart.
- Das Pferd wechselt ungefragt die Richtung, biegt also plötzlich ab oder mag wiederholt nur in eine bestimmte Richtung auf dem Zirkel laufen.
- Es rennt, sodass man als Reiter ständig mit Bremsen beschäftigt ist.
- Das Pferd ist sehr triebig und „faul", geht nur mit Gerte vorwärts.
- Es schleift die Beine durch den Sand und/oder stolpert häufig.

### Verhalten

- Schnappen, beißen, drohen, treten
- Umrempeln, auf die Füße treten
- Scheuen und Angst (ohne erkennbaren Grund)
- Bocken, steigen

### Schweif

- Das Pferd schlägt mehrfach mit dem Schweif (auch wenn keine Insekten da sind, die es verscheuchen könnte).
- Es hält seinen Schweif immer zu einer Seite geklappt oder presst die Schweifrübe an seinen Körper, sodass die Schweifhaare dauerhaft zwischen den Hinterbeinen hängen.

sam mit ihm bewegst, desto besser. Gesunde, gut trainierte Pferde erleben gern Abenteuer mit dir. Mit entsprechender Ausbildung können sie Spaß an allen möglichen Dingen finden, von Dressurlektionen bis hin zur Überwindung von Trailhindernissen, Zirkustricks, Springen, Schwimmen, Freiarbeit, Longieren, Bogenschießen und vielen anderen Beschäftigungen, die du dir vorstellen kannst.

Die Krux an der Geschichte: Nicht alle Pferde sind gleich. Für das eine Pferd ist es körperlich kein Problem, dass seine Besitzerin auf ihm stehend über Hindernisse springen will. Ein anderes liebt Traversalen und kreuzt seine Beine freiwillig beeindruckend weit. Ein drittes bleibt beim Fasnachtsumzug komplett gelassen, während ein anderes Pferd sich sogar vor Traktoren und lauten Geräuschen fürchtet.

## Reiten oder im Training hat

Illustrationen © Verena Geiger

**WICHTIG ZU WISSEN**

**Diese Zeichen sind wissenschaftlich erwiesene Anzeiger für Schmerzen (in Anlehnung an das Ethogramm von Dr. Sue Dyson) und nicht einfach nur Unerzogenheit! Wenn du an mehreren Tagen mehrere dieser Zeichen bei deinem Pferd/Pflegepferd wahrnimmst, dann hol dir Unterstützung bei einem erfahrenen Pferdemenschen. Dein Pferd benötigt unter Umständen einen Tierarzt.**

Manchmal lassen sich die Vorlieben unserer Pferde verändern, indem wir für unsere Wünsche trainieren. Mit dem entsprechenden Reitkönnen kannst du deinem Pferd die Traversalen beibringen. An Traktoren kann sich ein Pferd gewöhnen, und die filmreifen Tricks werden Schritt für Schritt erarbeitet. Kein Pferd kommt fertig ausgebildet zur Welt, genau wie wir Menschen das Reiten und den Umgang mit den Pferden erst lernen müssen. Diese Entwicklung dauert unser Leben lang.

Dabei gibt es jedoch Einschränkungen: Nicht alles lässt sich auf pferdefreundliche Weise trainieren. Jedes Pferd hat seine Grenzen, und oftmals haben unsere Pferde wichtige Gründe dafür, wenn sie bestimmte Dinge nicht mitmachen möchten oder sich dabei nicht gut anstellen. Ja, ein gesundes Pferd bewegt sich gern, aber nicht alle Pferde sind hundertprozentig gesund. Es kann also gut sein, dass dein Pferd bestimmte Bewegungen oder Tätigkeiten vermeiden möchte, weil sie ihm Schmerzen bereiten würden, oder dass dein Pferd manche Sachen zwar mitmacht, sie ihm aber eigentlich unbehaglich sind.
Deswegen ist es wichtig, dass wir die Zeichen erkennen, mit denen ein Pferd zeigt, dass es gerade gestresst ist oder Schmerzen hat.

Warum sollten wir auf diese Signale achten? Als echte Pferdefreunde möchten wir unseren Tieren selbstverständlich mit unserem Training und unseren reiterlichen Wünschen keinen Schaden zufügen. Sicherlich wünschst du dir, dass deinem Pferd eure gemeinsamen Unternehmungen genauso viel Spaß machen wir dir. Wenn du in einer bestimmten Situation mehrere der Zeichen aus dem Kasten beobachtest, kannst du die Umstände oder dein eigenes Vorgehen ändern, bis die Verhaltensweisen verschwinden und du dadurch weißt, dass es deinem Pferd (wieder) gut geht.

Außerdem lassen sich gefährliche Momente und Unfälle vermeiden, wenn du die Zeichen lesen kannst und die Situation entschärfst, bevor etwas Schlimmeres passiert. Die „geflüsterten“ Signale sind oft schon lange zu sehen, bevor Pferde beispielsweise treten, durchgehen oder dich hinunterbocken. Solche krassen Verhaltensweisen, die sich gegen Menschen richten, zeigen Pferde nämlich nur dann, wenn sie starke Schmerzen oder große Angst haben, die sie nicht mehr aushalten können.

**Wenn ein Pferd "nein" sagt und die Kooperation verweigert, kommt es leicht zu Missverständnissen.**

Diese Signale zu verstehen, kann dir auch dabei helfen zu erkennen, wann ein Pferd lahmt oder anderweitig krank ist. Leider kommt das viel öfter vor, als du vielleicht erwartest. „Lahmen“ bedeutet nämlich nicht zwangsläufig, dass ein Pferd sichtbar humpelt. Ein Pferd kann unabhängig vom Verhalten des Menschen und der Trainingsweise lahmen, und dann ist es wichtig, dass du für dein Pferd Hilfe organisierst. Wenn du wiederholt mehrere dieser Zeichen bei deinem Pferd beobachtest und diese nicht verschwinden, auch wenn du dein Training anpasst und dir Mühe mit deinem Sitz oder deinem Reitstil gibst, dann ist das ein wichtiges Indiz für eine Lahmheit. Wenn Pferde ein gesundheitliches Schmerzproblem haben, dann sind diese Anzeichen unabhängig vom Reiter und verschwinden auch nicht, wenn wir besser reiten oder freundlicher trainieren. In dem Fall benötigt das Pferd einen Tierarzt. Leider gibt es viele Menschen, die diese Zeichen nicht kennen oder denen es sogar egal ist, ob ihr Pferd Stress oder Schmerzen hat. Sie reiten unbeirrt weiter, egal wie es ihrem Pferd dabei geht. Anstatt Rücksicht auf das Wohlbefinden des Pferdes zu nehmen, versuchen sie Wege

# Wenn etwas nicht klappt: Missverständnisse vermeiden

Wir Pferdemädchen träumen von inniger Freundschaft und Seelenverbindung mit unseren Pferden, oder? Und viele Pferde-Influencer stellen das Zusammensein mit ihrem Pferd auf Social Media auch so dar, als wäre alles immer harmonisch, spielerisch und leicht.

Die Wahrheit ist: Selten klappt etwas beim ersten Versuch. Außerdem können unsere Pferde durchaus mal eine andere Vorstellung von Spaß haben als wir. Was uns als Pferdemenschen ausmacht, ist das, was wir tun, wenn etwas nicht klappt oder wir ein „Nein" von unserem Pferd zu hören bekommen.

## Rangordnung?

Früher glaubte man noch, dass man seine eigenen Wünsche aus Prinzip beim Pferd durchsetzen müsse. Als Mensch müsse man unbedingt der Chef seines Pferdes sein, sonst würde die ganze Reiterei nicht mehr funktionieren und das Pferd bald außer Rand und Band geraten. Die Rangordnung würde ständig neu ausdiskutiert werden und bei jeder Meinungsverschiedenheit würde darüber entschieden, wer zukünftig das Sagen hat.

Diese Denkweise ist mittlerweile wissenschaftlich überholt, und es ist erwiesen, dass es keine Rangordnung zwischen Mensch und Pferd gibt. Pferde testen uns nicht und stellen auch nicht unseren Führungsanspruch infrage, wenn sie nicht machen, was wir wollen. Sie wollen uns nicht ärgern und können uns auch nicht in dem Sinne „veräppeln". So ticken Pferde einfach nicht. Ganz im Gegenteil: Pferde sind extrem kooperative und soziale Lebewesen, die

zu finden, um trotzdem ihren Willen zu bekommen. Damit sind sie manchmal sogar erfolgreich auf Turnieren oder bekommen viele Likes auf Instagram.

Der Wandel beginnt mit dir! Glücklicherweise interessieren sich immer mehr Pferdefreunde dafür, ihr Pferd nicht unter Stress und Schmerzen zu „benutzen", sondern eine echte Freundschaft aufzubauen. Danke, dass du dazugehörst! Wir können nicht immer vermeiden, dass unseren Pferden mal etwas wehtut oder wir mit einer Situation überfordert sind. Aber wir können auf die Zeichen achten und unseren Umgang mit den Pferden immer wieder daran orientieren, dass wir möglichst wenige Stress- oder Schmerzsignale hervorrufen.

immer bestrebt sind, in Frieden zu leben, dafür mit anderen zusammenarbeiten und sich manchmal sogar zu bereitwillig einfügen. Pferde lassen sich nicht wegen unserer vermeintlichen Chefposition von uns lenken, sondern weil es ihrem Naturell entspricht, kooperativ zu sein. Außerdem haben sie, wie schon gesagt, grundsätzlich ein Bewegungsbedürfnis, das sie mit uns stillen können. Durch die Zucht werden Pferde außerdem seit Jahrtausenden darauf selektiert, dass sie aus menschlicher Sicht „gut funktionieren", sich also grundsätzlich gut händeln und reiten lassen.

Wenn es also Situationen gibt, in denen dein Pferd unkooperativ erscheint, dann hat es dafür immer einen wichtigen Grund, der nichts mit der Rangordnung zu tun hat.

## Gründe dafür, dass ein Pferd „Nein" sagt

Wenn ein Pferd deine Hilfe nicht umsetzt, ist die Wahrscheinlichkeit groß, dass es dich nicht verstanden hat. Vielleicht war deine reiterliche Hilfengebung nicht korrekt, vielleicht hat bei der Bodenarbeit deine Körperdrehung nicht zu deinem Gertensignal gepasst, vielleicht kannte dein Pferd das Signal (noch) gar nicht richtig. Das ist viel häufiger der Fall, als Menschen glauben! Vielleicht hat ein Pferd manches schlicht anders gelernt als du, und es dauert eine ganze Weile, mit viel Lob und Wiederholungen, bis sich eure Verständigung eingespielt hat.

Wenn ein Pferd verstanden hat, was es tun soll, und trotzdem nicht wie gewünscht reagiert, gibt es zwei weitere Möglichkeiten.

Erstens: Es ist körperlich nicht in der Lage, das auszuführen, was du von ihm möchtest. Ein Beispiel: Du bist mit deinem Pferd mehrfach über ein Hindernis gesprungen, ihr wisst also beide, wie das geht. Nun erhöhst du das Hindernis, dein Pferd springt beim ersten Versuch, verweigert aber den nächsten Sprung. Das wäre absolut logisch und nachvollziehbar, wenn es beim ersten höheren Sprung bemerkt hat, dass ihm bei der Landung ein Bein wehtut, oder wenn es mittlerweile ermüdet ist. Aus purem Selbstschutz möchte es nicht mehr springen, und man tut gut daran, es nicht aus Prinzip noch mehrmals über den hohen Sprung zu schicken. Das wird sein Vertrauen in seine Reiterin erschüttern, ihm die Lust am Springen nehmen und es im schlimmsten Fall sogar in einen Sehnenschaden trainieren, denn irgendwann geht das latent schmerzende Bein dann wirklich kaputt. Wie viel klüger wäre es, für diesen Tag einfach aufzuhören und ein andermal wieder zu springen, die Anforderungen dann vielleicht langsamer zu erhöhen oder weniger Wiederholungen zu verlangen und aufzuhören, bevor das Pferd nicht mehr mitmachen mag.

Zweitens: Eventuell hat dein Pferd in dem Moment, in dem etwas nicht klappt, ein anderes vorherrschendes Grundbedürfnis. Du möchtest zum Beispiel Freiarbeit machen, dein Pferd hat aber Hunger, weil die letzte Heufütterung schon zu lange her oder zu knapp ausgefallen ist. Das Pferd möchte deswegen dringend grasen. Nun könnte man zwar auch ein hungriges Pferd mit genügend Druck zur Freiarbeit bewegen, aber ein faires und langfristig erfolgreiches Training kann nur stattfinden, wenn die Grundbedürfnisse des Pferdes gedeckt sind. Nur dann kann es sich richtig konzentrieren und Spaß an der Bewegung mit dir finden. Wie viel klüger wäre es, ein hungriges Pferd erst mal eine halbe Stunde Heu oder Gras fressen zu lassen, bevor es konzentriert um seinen Menschen herumlaufen soll.

Leider wird Pferden entgegen dem heutigen Wissensstand noch unterstellt, sie würden mit ihrem Verhalten uns Menschen „testen". Wenn dir das auch so beigebracht wurde und du den Gedanken kennst, dann kannst du ihn jetzt neu denken: Wenn Pferde uns wirklich testen, dann

Verweigert dein Pferd einen Sprung, hat es immer einen guten Grund und will dich sicher nicht veräppeln.

Illustration © Verena Geiger

testen sie, welch gute Freunde wir sind. Sie testen unsere Empathie, also wie sehr wir uns in sie hineinversetzen können. Sie testen, wie reflektiert wir sind. Denn sobald wir, anstatt wütend und hart zu werden, darüber nachdenken, was unser Pferd für Gründe für sein Verhalten haben könnte, können wir darauf eingehen. Wenn wir dem Pferd die Absicht unterstellen, uns zu ärgern, zu veräppeln oder unsere Chefposition infrage zu stellen, dann tun wir ihm unrecht. So entstehen Missverständnisse, die einer echten Freundschaft und auch einem guten Training im Weg stehen. Wenn wir unserem Pferd ein erwünschtes Verhalten richtig erklären, dabei in kleinen Schritten vorgehen und viel loben, auf seine Bedürfnisse achten und seine Bedenken aus dem Weg räumen, wird es die Zeit mit uns genauso genießen wie wir unsere Pferdezeit.

## Stell dir vor ...

... du sprichst kein Französisch. Plötzlich kommt jemand zu dir, der dich in dieser fremden Sprache zutextet. Du versuchst zu verstehen, was die Person von dir will, aber sie redet zu schnell und nuschelt außerdem. Irgendwas sollst du offenbar tun, nur du weißt nicht, was. Die Situation ist dir unangenehm, denn du kannst deinem Gegenüber nicht folgen. Die Person redet immer lauter und mit viel Nachdruck – leider immer noch auf Französisch. Letztlich schreit sie dich an und bedrängt dich sogar körperlich, dabei willst du einfach nur noch weg. Wolltest du etwa den Rang der anderen Person infrage stellen, weil du nicht getan hast, worum sie dich gebeten hat? Wolltest du frech sein oder bist du zu blöd? Nein. Du sprichst nur diese Sprache nicht und hattest keine Chance, dich richtig zu verhalten, auch wenn du das gewollt hättest.

Unser Ziel: Reiten wie es Pferde lieben!

Foto © Madeleine Franck

# Pferdegerecht reiten

**Pferde sind von Natur aus nicht dazu geboren, geritten zu werden, und wir finden es wichtig und richtig, dass Pferdefreunde heute kritisch hinterfragen, ob man Pferde überhaupt reiten sollte. Wir, das heißt Katharina, Claudia und Sontje, reiten unsere Pferde und lieben es sehr. Für uns wäre es schwer, darauf zu verzichten.**

Dabei müssen wir uns klarmachen: Man kann nicht jedes Pferd reiten und vor allem nicht um jeden Preis. Zum Glück für uns gibt es Pferde, die das Gerittenwerden lieben, und wir kennen einige, die das Reiten der Bodenarbeit vorziehen. Wir kennen jedoch auch Pferde, die aus verschiedenen Gründen – trotz liebevollem und geduldigem Training – nicht geritten werden möchten. Meistens stellt sich dann irgendwann heraus, dass gesundheitliche Gründe dagegensprechen. Diesen Pferden tut also im Zusammenhang mit dem Reiten irgendetwas weh.

Ob Reiten pferdegerecht ist, entscheidet letztlich das jeweilige Pferd. Du kennst nun bereits die Schmerz- und Stresszeichen und kannst anhand dieser Zeichen immer wieder neu einschätzen, wie es einem Pferd in genau diesem Moment beim Reiten geht. Zeigt es gar keine der Zeichen oder nur vereinzelt in bestimmten Situationen (wenn es zum Beispiel einmalig das Maul öffnet oder vereinzelt mit dem Schweif schlägt, etwa vor dem Gruppengalopp oder in einer neuen Situation auf einem fremden Reitplatz), dann finden wir es moralisch völlig vertretbar, das Pferd zu reiten. Dann spricht nämlich vieles dafür, dass es die gemeinsame Bewegung mit dir genießt und dass es Spaß an euren Ausflügen hat. Viel zu viele Pferde leiden unter Mangelbewegung und stehen sich sozusagen kaputt. In dem Fall ist es deutlich besser, ein Pferd möglichst vielfältig zu bewegen und gern auch zu reiten, wenn ihr beide daran Freude habt.

Zeigt ein Pferd allerdings viele dieser Schmerzzeichen beim Training, ist es aus Tierschutzgründen nicht vertretbar, dieses Pferd zu reiten, zumindest nicht in der Form. Entweder kann man seinen körperlichen Problemen auf den Grund gehen, es also umfassend tierärztlich untersuchen und behandeln lassen, oder man passt, soweit möglich, sein Training an. Zeigt dein Pferd seine Probleme beim Ausritt, nicht aber beim Spaziergang, dann sitz ab und geh zu Fuß. Zeigt ein Pferd die Zeichen bei der versammelnden Arbeit in der Reithalle mit engen Wendungen und Seitengängen, nicht aber am langen Zügel im Gelände, dann lass die entsprechenden Lektionen weg und gehe mehr ausreiten.

Neben körperlichen Gründen, die über pferdegerechtes Reiten entscheiden, sind auch wir Reiterinnen selbst und die Reitausrüstung zwei große Einflussfaktoren. Das Pferd kann das Reiten umso mehr lieben, je besser wir sitzen, je feiner wir die Hilfen geben und je besser der Sattel und das Zaumzeug ihm passen.

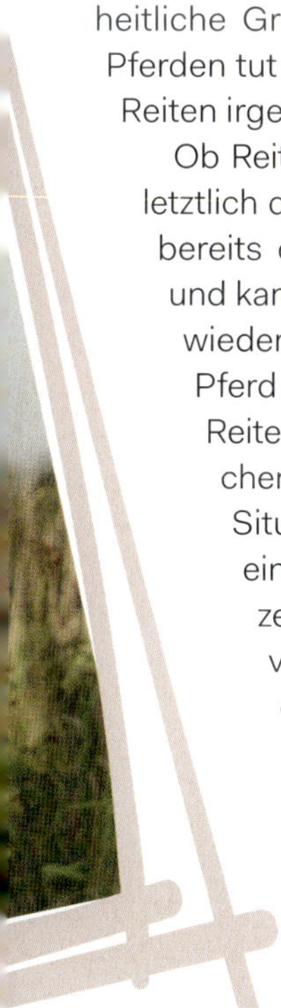

Foto © Madeleine Franck

Es ist immer eine gute Idee, sich zur Sitzschulung an die Longe nehmen zu lassen, um sich ganz auf die Übungen konzentrieren zu können.

## #REITENWIEESPFERDELIEBEN

Unter dem Hashtag #reitenwieespferdelieben geht es nicht so sehr um bestimmte Übungen oder Lektionen, die gut für Pferde sind (denn für ein bestimmtes Pferd können ganz andere Übungen geeignet sein als für ein anderes). Vielmehr geht es um unsere prinzipielle Einstellung zum Thema Reiten.

Für uns sollte nämlich das Pferd selbst darüber urteilen, wer eine gute Reiterin ist. Entscheidend sind dafür weniger die Noten auf einem Turnier oder die Klicks auf Social Media, sondern wie es dem gerittenen Pferd dabei geht. Wir versuchen unsere eigene reiterliche Entwicklung daran zu orientieren, wie das Pferd gern geritten wird. Dafür arbeiten wir an uns selbst, an unserem Sitz, unserer Hilfengebung und unserer mentalen Einstellung. Anstatt zu sagen: „Das Pferd muss dies oder das besser machen", fragen wir uns, was wir an uns selbst verbessern können, damit es dem Pferd immer leichter fällt, uns zu tragen. Was können wir verbessern, damit sich die gewünschten Lektionen oder Bewegungen, die das Pferd für uns und unter uns ausführen soll, für das Pferd selbst gut anfühlen? Je wohler sich ein Pferd beim Reiten fühlt, desto lieber wird es geritten und umso besser, freiwilliger und geschmeidiger wird es die Übungen ausführen, die du dir wünschst.

Aus Sicht unserer Pferde ist oftmals gar nicht entscheidend, was du reitest, also nach welcher Reitweise und welche Übungen, sondern wie du diese ausführst. Ein aus Pferdesicht guter Reiter verfügt über verschiedene Schlüsselqualifikationen. Die wichtigste ist ein ausbalancierter Sitz, mit dem wir den Bewegungen unseres Pferdes geschmeidig folgen können. Nicht nur, um nicht hinunterzufallen, sondern auch, damit es dem Pferd angenehm ist, unter uns zu laufen. Den Sitz zu verbessern ist die wichtigste und lebenslange Aufgabe echter Reiter. Deswegen werden wir in diesem Kapitel gemeinsam einige Sitzübungen machen.

Die nächste Schlüsselqualifikation für gutes Reiten betrifft die Koordination deiner Arme und Beine. Nur wer beispielsweise eine zentimetergenaue Kontrolle über die Höhe seiner Hände hat, wer das Pferdemaul und die gleichmäßige Anlehnung spürt und in der Bewegung dynamisch halten kann, kann wirklich feine Zügelhilfen geben. Es ist uns allen schon passiert, dass wir unserem Pferd unabsichtlich nach einem Sprung in den Rücken gefallen sind oder im Eifer des Gefechts versehentlich am Zügel gezogen haben. Einfach deshalb, weil wir es in dieser Sekunde nicht besser umsetzen konnten – selbst wenn wir theoretisch wussten, wie man besser reitet. Auch die Koordination der Arme und Beine werden wir daher einzeln üben. Wenn du die unter Kontrolle hast, bist du in der Lage, die Anweisungen deiner Reitlehrerin besser umzusetzen, und zwar egal, ob du Western reitest, Gangpferde, Springen oder Klassische Dressur. Im Kopf zu verstehen, wo beispielsweise dein Bein liegen soll, ist nämlich nicht dasselbe, als dass es wirklich dort liegen bleibt, während du an etwas anderes denkst.

Reiten lernen ist langwierig und schwierig, da möchten wir dir gar nichts vormachen. Nicht jeder von uns hat das Talent, die passenden Pferde und die Trainingsmöglichkeiten, um Olympiateilnehmer zu werden. Im Sinne der Pferde gut reiten zu lernen, kann allerdings jeder. Mit Pferdeliebe, Fleiß und den folgenden Übungen wird es dir gelingen, deinen Reitstil immer weiter in die Richtung zu entwickeln, in der er für dein Pferd angenehm ist. Auf dieser Grundlage kannst du dich auch sportlich weiterentwickeln – oder aber einfach als Freizeitreiterin richtig gut reiten.

> Es gibt nichts Gutes, außer man tut es!
>
> *Erich Kästner*

## Sitzübungen

Lass uns loslegen! Jetzt machen wir gemeinsam Sitzübungen, die du in diesem Video **(siehe QR-Code)** sehen kannst.

Übung macht dabei den Meister: Die folgenden Sitzübungen kann eigentlich niemand auf Anhieb. Man braucht immer mindestens einige Runden und manchmal auch mehrere Wochen mit vielen Wiederholungen, bis das alles so aussieht wie im Video. Durchbeißen lohnt sich! Denn wenn du die Übungen stetig weiter perfektionierst, sodass du sie immer kontrollierter und länger durchhalten oder sogar

Das VIDEO dazu
bit.ly/3wjRowU

auf verschiedenen Pferden und in schwierigeren Situationen anwenden kannst, dann trainierst du damit die Schlüsselqualifikationen für richtig gutes Reiten. Was du dabei lernst, verbesserst oder verfeinerst, hilft dir beim Erreichen deiner reiterlichen Ziele, egal in welcher Disziplin du unterwegs bist.

## Der leichte Sitz

Den leichten Sitz brauchst du einerseits zum Springreiten (mit deutlich verkürzten Bügeln dann auch Springsitz genannt), aber auch für flottere Galopps im Gelände und zum schonenden Reiten jüngerer oder noch nicht so gut trainierter Pferde. Der leichte Sitz ist nämlich nicht etwa für den Reiter leicht, sondern erleichtert dem Pferd das Tragen des Menschen, und zwar immer dann, wenn das Pferd gerade nicht versammelt ist, sondern sich in eher gestreckten Bewegungen und mit langem Hals locker vorwärtsbewegen soll. Wird er jedoch falsch ausgeführt, bringt der leichte Sitz nichts, sondern kann (wie alle anderen Sitzarbeiten auch) dein Pferd in der Bewegung sogar behindern. Deswegen erklären wir dir hier, worauf es beim leichten Sitz ankommt:

Der wichtigste Punkt ist die Federbewegung in deinen Beinen nach unten. In dem Moment, wenn du vom normalen Sitz in den leichten Sitz gehst, lasse deine Knie und Fußgelenke am Sattel nach unten rutschen, sodass dein Absatz der tiefste Punkt ist. Wenn dein Pferd läuft, sollten nun deine Knie und Fußgelenke den Schwung der Pferdebewegung im Takt „nach unten herausfedern" lassen. Dein Unterschenkel liegt dabei senkrecht. Ob du das richtig machst, merkst du daran, dass du den leichten Sitz dann über mehrere Minuten konstant halten kannst.

Ein häufiger Fehler ist es, dass Reiterinnen ihren Oberkörper zu stark nach vorn werfen

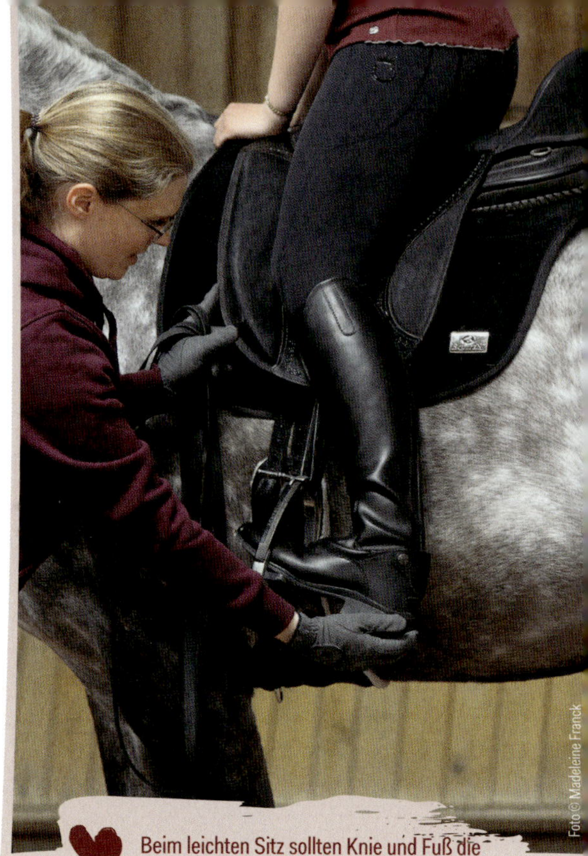

Foto © Madeleine Franck

Beim leichten Sitz sollten Knie und Fuß die Pferdebewegung nach unten herausfedern

oder zu hoch aufstehen. Das macht den Sitz jedoch unsicher und kann tatsächlich die Vorhand des Pferdes überlasten. Es ist richtig, dass der Oberkörper leicht nach vorn vor die Senkrechte kommt. Achte dabei aber darauf, dass dein Gesäß im selben Maß gleichzeitig wenige Zentimeter nach hinten rutscht – wie bei einem „Entenpopo", aber ohne Hohlkreuz. So bleibst du insgesamt ausbalanciert, dein Körpergewicht befindet sich immer noch über dem Sattel (nicht über dem Pferdehals) und damit genau über deinen eigenen Beinen. Zwischen deinem Gesäß und dem Sattel darf so viel Luft sein, dass ein kleiner Schokokuss dazwischenpasst. So bleibst du stabil und kannst gleichzeitig Sprünge gut abfedern. Blicke dabei zwischen den Pferdeohren durch und lass deine Arme gern in der Nähe des Widerrists liegen oder halte dich vorn am Sattel, ohne das Gewicht deines Oberkörpers aufzustützen.

Der leichte Sitz lässt sich am einfachsten an der Longe üben, wie wir es dir im Video zeigen. Du kannst ihn aber auch selbstständig üben und dabei die Zügel einfach mit in den Händen behalten.

## Näschen-Kniechen-Öhrchen

Kennst du aus dem Kindergarten? Super, nun mach die Übung mal auf dem Pferd! Dafür legst du zuerst beide Hände auf deine Knie. Dann tippst du dir gleichzeitig mit dem linken Zeigefinger auf die Nasenspitze und mit dem rechten Zeigefinger auf das gegenüberliegende Ohr. Der entscheidende Punkt ist, dass du deine Arme dabei überkreuzt, deswegen verbessert diese Übung massiv die Cross-Koordination, die du für quasi alle Reitlektionen und besonders für feine Zügelhilfen brauchst. Anschließend berührst du wieder deine Knie und tippst dann umgekehrt Näschen und Öhrchen an, also jetzt mit dem rechten Zeigefinger auf die Nase und mit dem linken Zeigefinger an dein Ohr. Danach darfst du die Hände wieder auf die Knie fallen lassen und beginnst von vorn, wie du es im Video siehst. Wenn dir das im Schritt sicher gelingt, probier's im Trab! Dazu kannst du dich longieren lassen oder bei einem ruhigen sicheren Pferd auch einfach die Zügel verknotet auf den Hals legen und ganze Bahn reiten. Kannst du Näschen-Kniechen-Öhrchen auch im leichten Sitz und im Leichttraben? Bei Letzterem bekommt die Übung noch einen zusätzlichen Rhythmusaspekt und ist deswegen besonders effektiv.

Näschen-Kniechen-Öhrchen ist eine tolle Koordinationsübung im Stand, Schritt, Trab und Galopp.

Der Kamelreitersitz trainiert gleich mehrere Schlüsselqualifikationen für gutes Reiten.

Foto © Madeleine Franck

Um die Feinkoordination deiner Finger weiter zu schulen, trainiere als Nächstes folgende Variante: Beim ersten Durchgang tippst du Näschen und Öhrchen mit deinen Zeigefingern an, beim zweiten Durchlauf mit deinen beiden Mittelfingern, beim nächsten Mal mit den Ringfingern, dann mit den kleinen Fingern, den Daumen und wieder von vorn. Vermutlich wirst du dabei merken, dass es mit den Zeigefingern anfangs am leichtesten geht, denn die sind durch den Alltag bereits ganz gut koordiniert. Für feines Reiten solltest du aber auch deine anderen Finger gut spüren und zum Beispiel auch die Ringfinger explizit ansteuern können. All das kannst du mit Näschen-Kniechen-Öhrchen trainieren!

Wenn dir die Übung im Trab sicher gelingt, probiere es zuletzt im Galopp. Kannst du die Übung in allen drei Gangarten, hast du eine unabhängige Koordination deiner Arme erreicht und damit eine Schlüsselqualifikation für richtig gutes Reiten.

## Der Kamelreitersitz

Für den Kamelreitersitz lässt du dein Pferd am besten von einer Freundin führen, denn die Übung fühlt sich für Pferde anfangs vielleicht komisch an. Du ziehst deine Knie am Widerrist zusammen, deine Füße liegen auf dem Sattelblatt (wie du auf dem Foto sehen kannst). So lässt du dich etwa fünf Minuten im Schritt führen und beobachtest, was dabei in deinem Körper passiert. Dein unterer Rücken darf rund werden, also das Gegenteil von einem Hohlkreuz machen. Die beiden Sitzbeinknochen, auf denen man beim Reiten sitzt, sind im Kamelreitersitz deutlich zu spüren. Diese beiden Knochen fühlen sich ein bisschen an wie zwei Schlittenkufen. Wenn sie im Sattel eventuell etwas weiter nach vorn in Richtung Widerrist rutschen, ist das ein gutes Zeichen. Lass deine Gesäß- und Oberschenkelmuskeln so locker wie möglich und spüre den satten Kontakt dieser beiden Knochen mit dem Pferd. Dein Pferd bewegt sich dabei dreidimensional im Schritt vorwärts: Es schaukelt dich ganz leicht vorwärts und rückwärts, kippt dich abwechselnd leicht nach rechts und links runter und hebt dich bei einem aktiven Schritttempo auch insgesamt leicht nach oben und unten im Takt der Bewegung. Spürst du alle drei Bewegungsdimensionen? Wenn du diese wahrnehmen kannst, während du selbst ruhig sitzt und dich passiv tragen lässt, hast du dir eine weitere Schlüsselqualifikation erschlossen.

Außerdem bringt der Kamelreitersitz dein gesamtes Becken in die optimale Position, in der es in der Pferdebewegung richtig mitschwingen kann. Wenn du im Anschluss an die Übung deine Beine wieder in den normalen Sitz sinken lässt, versuche dabei nur die Beine wieder lang zu lassen, abgesehen davon aber genauso sitzen zu bleiben wie im Kamelreitersitz. Eine tolle Übung auch für die Rumpfmuskeln ist es, die Beine mehrfach hochzuziehen in den Kamelreitersitz und sie danach gleich wieder hängen zu lassen.

Dabei trainierst du automatisch auch dein Gleichgewicht, da du deinen Oberkörper über der Mitte deines Pferdes ausbalancieren musst und dich nicht mit den Oberschenkeln festklammern kannst. Wenn du ein stabiles Gleichgewicht in deinem Rumpf gefunden hast, brauchst du deine Beine nicht (mehr) zum Festhalten, sondern kannst sie wirklich locker am Pferdebauch hinunterhängen lassen. Das ist die Voraussetzung dafür, dass du auch Trab und Galopp gut aussitzen kannst und dein Pferd über den Rücken gehen kann. Außerdem ermöglichen dir nur die locker aus der Hüfte heraus nach unten hängenden Beine feine Schenkelhilfen. Durch häufiges Üben des Kamelreitersitzes wird all das immer besser! Wenn du ihn im Schritt beherrschst und dein Pferd keine Probleme damit hat, probiere es gern auch im Trab. Halte dich dabei zumindest anfangs vorn am Sattel am besten an einem Halteriemen fest, sodass deine Arme dich vorerst absichern, wenn du die Beine wegnimmst.

Die Schulung des Gleichgewichts ist ein Prozess, der viele Wiederholungen braucht. Lege deine Beine bitte nicht vor die Sattelblätter, sondern lass die Füße am Sattel, damit du deine Beine ganz leicht und schnell wieder nach unten gleiten lassen kannst, falls dein Pferd mal erschrickt oder du dein Gleichgewicht vielleicht doch mal verlierst. Du wirst bemerken, dass du nach dieser Übung den Trab deutlich besser aussitzen kannst als vorher.

## Finde eine gute Reitschule

Pferdefreundliches Reiten ist viel mehr, als sich irgendwie oben halten zu können. Auch große Pferdeliebe und Einfühlungsvermögen allein machen dich leider noch nicht zu einer wirklich guten Reiterin. Deine persönliche Beziehung zu Pferden und deine Pferdeflüstererskills sind das eine, genauso wichtig ist dein tatsächliches Reitkönnen, also deine technischen Fähigkeiten.

Manche Leute scheinen das zu vergessen: Trotz schönster Seelenverbindung kann man seinem geliebten Pferd leider unabsichtlich in den Rücken plumpsen, wenn man technisch noch nicht richtig leichttraben kann oder einfach mal springt, ohne den Springsitz zu beherrschen. Wer sein Gleichgewicht noch nicht gefunden hat, wird sich versehentlich an den Zügeln festhalten und unkoordiniert im Pferdemaul ziehen, auch wenn man doch eigentlich mit feinster Verbindung reiten möchte. Harmonie in der Bewegung kann es nicht geben, wenn die Reiterin aus Versehen widersprüchliche Signale gibt oder auf körperlicher Ebene die erwünschten Pferdebewegungen blockiert. Dann ist das Reiten für Pferde auch nicht gesund, egal wie sehr man es liebt.

Einen guten Sitz und eine feine Hilfengebung musst du nicht nur wollen, sondern auch praktisch lernen. Das braucht Anleitung und meist jahrelange Übung. Reiten, wie es Pferde

Sich im Reiten immer weiter zu verbessern, ist lebenslang der Weg und das Ziel zugleich.

lieben, lernen wir nicht in ein paar Stunden, sondern darin entwickeln wir uns unser Leben lang weiter. Reiten ist ein sehr anspruchsvoller Sport, und zwar egal, ob du im Turniersport erfolgreich oder ohne Leistungsvergleich vor allem in den Augen deines Pferdes gut darin sein möchtest.

Es ist also völlig normal, wenn das Reiten dich immer wieder neu herausfordert, wenn du immer wieder Fragen hast und wenn du nicht auf Anhieb alles umsetzen kannst, was du in Büchern gelesen oder auf Onlineplattformen gesehen hast. Es gehört dazu, dass man Fehler macht. Vielleicht wirst du irgendwann bemerken, was auf einem alten Video nicht optimal ist, auf das du früher so stolz warst. Vermutlich werden mit deinem Können auch deine eigenen Ansprüche steigen: Je weiter man im Reiten kommt, desto mehr stellt man fest, was man alles noch nicht kann und weiß.

Um dich reiterlich weiterzuentwickeln, brauchst du guten Unterricht, der dich zum Üben bringt, dir Rückmeldung gibt und bei Problemen hilft. Eine gute Reitschule ist eine, in der es vor allem darum geht, die eigenen reiterlichen Fähigkeiten zu verbessern und die menschliche Einwirkung zu verfeinern. Ziel ist es, dass der Reitstil für die Pferde angenehm ist und sie sich auf gesunde Weise unter den Reitschülern bewegen können. Der Umgangston ist dabei sowohl Menschen als auch Pferden gegenüber freundlich, auch wenn es manchmal klare Worte braucht. Deine Trainerin sagt dir vor allem, was du machen sollst, und nicht, was du nicht machen sollst. Sie kann dir erklären, wie genau das geht und warum das überhaupt wichtig ist, und zwar aus Sicht und zum Wohlergehen des Pferdes!

Schlechten Reitunterricht erkennst du unter anderem daran, dass es vor allem darum geht, was das Pferd tun und lassen soll (anstatt was der Reiter damit zu tun hat!). Reitunterricht ist nicht immer angenehm, denn Reiten lernen kann anstrengend sein. Oft muss man zuerst lernen, die Kritik der Trainerin anzunehmen und für die eigene Entwicklung konstruktiv umzusetzen. Wenn du dich jedoch während des Reitunterrichts auch nach einigen Stunden nicht wohlfühlst, wenn dein Pferd nicht wertgeschätzt wird oder du Anweisungen erhältst, das Pferd zu schlagen, zu treten, grob am Führseil oder Zügel zu ziehen, dann verlasse diese Reitschule oder diese Trainerin.

Leider gibt es in jeder Reitweise gute oder schlechte Pferdemenschen, und leider ist nicht jeder gute Reiter in der Lage, auch zielführend zu unterrichten. Eine offizielle Qualifikation, viele Follower oder Turniererfolge garantieren kein gutes Training. In diesem Buch findest du so viele Informationen und Hintergründe, die dich sicher die richtige Entscheidung für oder gegen eine bestimmte Reitschule und zum Wohl der Pferde treffen lassen.

Leider kommt es immer wieder vor, dass Reitlehrer oder Pferdebesitzer die Pferdeliebe ihrer jungen Schülerinnen als Druckmittel nutzen und sie in Situationen oder zu Handlungen bringen können, die sie selbst nicht möchten. Wenn du oder deine Freundinnen solche Situationen erlebt haben oder dich dahingehend ein schlechtes Gefühl beschleicht, wende dich an erwachsene Personen, denen du das anvertraust. Das können auch Personen sein, die mit dem Reitstall gar nichts zu tun haben. Oder finde anonym Hilfe über die folgenden QR-Codes und Websites:

***https://nina-info.de***

***www.pferd-aktuell.de***

https://www.pferd-aktuell.de/deutsche-reiterliche-vereinigung/verbandspositionen/schutz-vor-sexualisierter-gewalt

## Schulpferde: Pferde zweiter Klasse? Nicht in guten Reitschulen!

Früher war es oft noch so, dass die Schulpferde eines Reitvereins nicht dieselbe gute Haltung, das passende Sattelzeug, die hochwertige Fütterung und die Aufmerksamkeit bekommen haben wie die Privatpferde gut situierter Besitzer. Heute gibt es zum Glück viele tolle Reitschulen mit heiß geliebten Lehrpferden in artgerechter Haltung, mit passenden Sätteln und klugen Geschäftskonzepten, die dafür sorgen, dass auch die Schulpferde ein glückliches Leben führen können. In einer guten Reitschule sind die Lehrpferde keine „billigen Arbeitskräfte", die zum Reitenlernen (aus-)genutzt werden, sondern die wichtigsten Mitarbeiter des Betriebs. Den Unterschied siehst du in den

Eine gute Reitschule bemüht sich auch für die Schulpferde um eine optimale Haltung.

Gesichtern der Pferde und in ihrem Verhalten (lies noch mal den Kasten zu Schmerzzeichen). Den Unterschied hörst du auch daran, wie über sie gesprochen wird.

In der Regel sollten die Pferde täglich nur für bis zu zwei Unterrichtseinheiten eingesetzt werden und bei Bedarf gänzlich freie Tage oder im Krankheitsfall auch mehrere arbeitsfreie Wochen erhalten. Das Konzept der Reitschule muss einen solch schonenden Einsatz der Lehrpferde hergeben – und wir alle tragen unseren Teil dazu bei, dass solche Betriebe sich halten, ihr Angebot erweitern und neue gegründet werden können, und zwar indem wir dort Reitstunden und Kurse buchen und/oder mithelfen.

Artgerechte, gesunde Pferdehaltung ist aufwendig und dadurch teuer. Eine gute Ausbildung der Lehrpferde dauert lange und ist deswegen letztlich ebenfalls teuer. Hochwertiger Reitunterricht muss deshalb auch einen entsprechenden Betrag kosten.

Viele gute Reitschulen, gerade im Kinder- und Jugendbereich, bieten heute sinnvollerweise keine hochpreisigen reinen Reitstunden an, sondern organisieren Gruppenkurse und/oder monatliche Abomodelle. In der „Pferdezeit" findet dann nicht nur das tatsächliche Reiten, sondern auch der Umgang mit den Pferden vom Boden, die Pflege und Versorgung und im Idealfall eine ganze Menge Theorie, also Wissensvermittlung rund ums Pferd statt. Zum Reitenlernen gehört es dazu, mal nicht auf dem Pferd zu sitzen, sondern sich anderweitig mit Pferden zu beschäftigen und tatkräftig im Stall mit anzupacken. Das zu realisieren, macht uns insgesamt zu besseren Pferdemenschen und letztlich zu besseren Reitern.

Neben dem Einsatz im Reitunterricht ist es für Lehrpferde genau wie für alle anderen Pferde selbstverständlich wichtig, dass sie täglich mehrstündig freien Auslauf erhalten. So will es nicht nur das Tierschutzgesetz und die Leitlinien für artgerechte Pferdehaltung, sondern das entspricht natürlich auch unserer moralischen Verpflichtung. Mehrstündig heißt mindestens drei Stunden an jedem Tag, bei jedem Wetter. Und freie Bewegung bedeutet: auf einer Weide oder einem so großen Paddock, dass das Pferd darauf nicht nur an der frischen Luft herumstehen, sondern auch galoppieren und buckeln kann. Dafür wichtig ist auch der entsprechende Boden, denn das geht weder auf gepflasterter Fläche noch in tiefem Morast. Wenn Pferde – auch im Winter – ihr Bewegungsbedürfnis frei erfüllen können, sind sie nicht nur glückliche, sondern umso sicherere Lehrmeister in der Reitschule, weil sie nicht mit den Reitschülern zu buckeln oder durchzugehen brauchen.

Genauso wichtig, wie die freie Bewegung und der Kontakt zu Artgenossen, ist das Ruhebedürfnis, gerade dann, wenn Pferde tatsächlich „arbeiten", und das ist bei Lehrpferden in

## Richtig gut reiten lernen ohne eigenes Pferd

### Aus der Sicht von Katharina Möller-Weingand

Du möchtest richtig gut reiten lernen, hast aber kein eigenes Pferd und auch nicht das Geld, dir so viele Reitstunden zu buchen, wie du gern möchtest? Das kenne ich gut: Ich wollte sogar Berufsreiterin werden, hatte aber in meiner gesamten Jugend kein eigenes Pferd und keinen Einzelunterricht bei berühmten Trainern. Ich war ein ganz durchschnittliches „Reiterferienkind" und habe später eine wöchentliche Gruppenreitstunde bekommen. Was ich außerdem getan habe und was ich dir absolut nur raten kann: Frage deine Reitlehrerin und/oder den Pferdebesitzer in deinem Stall, ob du helfen kannst.

Vielleicht darfst du anfangs fegen. Danach darfst du ausmisten und Pferde auf die Koppel bringen. Danach darfst du den Kleineren helfen, ihre Ponys zu richten, oder in den Reitstunden assistieren und die Bügel verstellen. So ging meine Karriere los – und sieh dir an, wo ich heute bin. Ehemalige Pferdemädchen, wie ich eines war und wie vor mir meine Reitlehrerin eines war, erkennen echte Pferdemädchen von heute. Erstens gibt es in jedem Stall etwas zu tun, und zweitens geben wir unser Wissen gern weiter an junge Menschen, die es wirklich wissen wollen und bereit sind, sich dafür zu engagieren.

Aus Pflegepferden werden Reitbeteiligungen, fürs Ausmisten gibt es die ein oder andere Zusatzreitstunde oder einen Minijob, aus Unterrichtsassistenz wird der erste eigene Reitlehrerjob. Aus Reiten gegen Geld wird Bereiten für Geld – und das verdiente Geld lässt sich hervorragend einsetzen, um selbst immer hochwertigeren Unterricht zu nehmen oder sich Lehrgänge zu finanzieren. Es ist definitiv möglich, auch ohne eigenes Pferd und große Finanzkraft wirklich gut reiten zu lernen.

einer Reitschule definitiv der Fall. Die im Kapitel Pferdehaltung beschriebenen Grundbedürfnisse müssen in einer Reitschule selbstverständlich für die Lehrpferde erfüllt sein. Nur ein ausgeglichenes, ausgeschlafenes, sattes Pferd kann seinen Job gut gelaunt und damit für die Reitschülerinnen sicher ausführen.

## Hilfszügel, Sporen und Co

In manchen Ställen gehören Hilfszügel und Sporen leider immer noch zur täglichen Standardausrüstung, in anderen Ställen sind sie komplett verpönt und als Tierquälerei verschrien. Die Wahrheit liegt wie so oft in der Mitte.

### Hilfszügel

Es gibt Hilfszügel, die im Sinne eines pferdefreundlichen Reitstils eigentlich verboten gehören und die du als Pferdeliebhaberin bitte keinesfalls verwendest: Dazu zählen Schlaufzügel, die sogenannte Longierhilfe, die sogenannte Reininghilfe, der Halsverlängerer und der Stoßzügel. Die Einwirkung dieser Hilfszügel hat auf Pferde körperlich keinen sinnvollen Nutzen und kann sie psychisch schädigen.

Es gibt andere Hilfszügel, wie etwa die seitlichen Ausbindezügel oder das Martingal, die nicht unbedingt schlecht für Pferde sein müssen. Wenn sie punktuell eingesetzt werden (keinesfalls täglich stundenlang!) und wenn sie lang genug verschnallt werden (sodass das Pferd mit

Eine sogenannte "Longierhilfe" solltest du niemals benutzen.

Illustration © Verena Geiger

## Hintergrundwissen ...

Um zu verstehen, ob und wie Ausbindezügel Sinn machen können, müssen wir ins Thema Reitlehre einsteigen: Zwischen Reiterhand und Pferdemaul wird eine weich federnde, stete Verbindung angestrebt, die als „Anlehnung“ bezeichnet wird. Das Pferd sucht die Anlehnung, die Reiterin gestattet sie.

In korrekter Anlehnung gehen kann dein Pferd mit höherer oder tieferer Kopfhaltung, mit der Stirn-Nasenlinie an der Senkrechten und mit der Stirn-Nasenlinie vor der Senkrechten. Anlehnung ist in verschiedenen Kopf-Hals-Positionen möglich, nur hinter der Senkrechten ist falsch.

Für Pferde ist es sehr gesund, die Kopf-Hals-Position je nach Lektion, Gangart, Bodenverhältnissen und Außenreizen fließend wechseln zu dürfen – es gibt nicht die einzig richtige Haltung. Am Sattel oder Longiergurt befestigte Ausbindezügel machen diese fließende Veränderung nicht so mit, wie eine gute Reiterhand.

Werden Ausbindezügel lang genug verschnallt, sodass sie den Pferdehals nicht in eine gerollte Position und den Kopf nicht hinter die Senkrechten zwingen, dann schaden sie aber auch nicht direkt. Richtig verwendet rahmen sie den Pferdehals seitlich ein und bieten eine konstantere Anlehnung als eine schlechte, unruhige, rückwärts ziehende Reiterhand. Mit dieser Argumentation werden sie im Reitunterricht eingesetzt, während der Reitschüler Sitzübungen macht, um eine unabhängige, pferdefreundliche Reiterhand zu bekommen und dem Pferd dann eben in Zukunft eine feine, elastische Anlehnung ohne Hilfszügel anbieten zu können.

Weder Ausbinder noch Zügel sind dafür da, den Pferdekopf und Pferdehals in eine bestimmte Position zu bringen!

Ob ein Pferd die Anlehnung sucht und weder von der Reiterhand noch von Hilfzügeln in eine gewünschte Position manipuliert wird, liegt an Takt und Losgelassenheit: Dein Pferd wird dann den Hals fallen lassen und korrekt „durchs Genick“ gehen, wenn es in rhythmischem Bewegungsfluss locker, angst- und schmerzfrei, einfach unverkrampft laufen darf. Wenn Takt und Losgelassenheit vorhanden sind, resultiert daraus die Anlehnung und eine physiologische, das heißt ganz natürliche, leichte Beizäumung des Pferdes.

Wer die Anlehnung verbessern will, muss also eigentlich Takt und Losgelassenheit verbessern.

seiner Stirn-Nasen-Linie deutlich vor der Senkrechten gehen kann), können sie unter Umständen auch im Sinne des Pferdes sein. Du solltest sie ausschließlich im Beisein und nach genauer Anleitung deiner Trainerin verwenden und ihren Einsatz immer wieder hinterfragen. Guter Reitunterricht und gute Pferdeausbildung müssen nämlich unbedingt dahin führen, dass Hilfszügel sich erübrigen und nicht mehr notwendig sind! Katharina und Claudia nutzen seit vielen Jahren keinerlei Hilfszügel und möchten in diesem Sinne mit gutem Beispiel vorangehen. Notwendig ist das Ausbinden keinesfalls, aber auch nicht zwangsläufig Tierquälerei. Zur Quälerei werden die Ausbinder allerdings definitiv, wenn sie das Pferd dazu zwingen, seinen Hals zu rollen und mit der Stirn-Nasen-Linie hinter der Senkrechten zu gehen.

## Sporen

Auch das Reiten mit Sporen ist weder unbedingt notwendig noch zwangsläufig schrecklich für Pferde. Es kommt ganz darauf an, wer die Sporen trägt und wozu und wie derjenige sie verwendet.

Um einem Pferd mit den Sporen nicht zu schaden, darfst du sie erst tragen, wenn dein Bein beim Reiten nahezu perfekt liegt. Solange man als lernende Reiterin noch unruhige Beine hat oder die Fersen hochzieht, wären Sporen für das Pferd nicht nur extrem unangenehm, sondern würden es auch abstumpfen und können die Haut in der Bauchregion sogar nachhaltig schädigen. Von sogenannter „Sporenreife" spricht man, wenn die Sitzschulung des Reiters über viele Jahre so weit fortgeschritten ist, dass er die Sporen in allen Gangarten tragen kann, ohne damit sein Pferd überhaupt zu berühren. Erst dann ist man nämlich in der Lage, sein Pferd in einzelnen Momenten damit gezielt zu berühren – und nicht die ganze Zeit ein bisschen!

Foto © Shutterstock / Labrador Photo Video

Was nur mit Sporen klappt und nicht ohne, ist reiterlich nichts wert.

Ein verbreiteter Irrtum ist es, dass man Sporen auf einem „faulen" Pferd brauche, um es mehr vorwärtszureiten. Das kann schon allein aus biomechanischen Gründen nicht funktionieren: Richtig eingesetzt regt der Sporn die Bauchmuskulatur des Pferdes zu vermehrter Aktivität an. Das kann Sinn machen auf der Innenseite einer Biegung oder insgesamt in der Versammlung. Durch die vermehrte Bauchmuskelaktivität wird das Pferd aber zu kürzeren Trabtritten angeregt – nicht etwa zu längeren! Damit ein Pferd dagegen in raumgreifenderen Tritten mehr vorwärtsgeht, musst du seine Bauchdecke (ventrale Muskelkette) in Ruhe lassen und es mit dem oberen Teil deiner flachen Wade treiben, damit die dorsale Muskelkette vermehrt arbeiten und das Pferd Schub entfalten kann. Reagiert dein Pferd am Schenkel nicht so gut vorwärts, wäre es logischer und körperlich umsetzbarer, es mit der Gerte anzutippen, als Sporen einzusetzen.

Darüber hinaus gibt es Pferdetypen, die man sinnvollerweise überhaupt nicht mit Sporen reitet, auch wenn der Reiter das theoretisch könnte. Dazu gehören beispielsweise Pferde mit einem Karpfenrücken, mit Atemwegsproblemen oder einer sowieso schon stark ausgeprägten oder sogar verspannten Bauchmuskulatur.

Man kann also keinesfalls am Tragen der Sporen ablesen, wer ein guter und pferdefreundlicher Reiter ist. Und wenn man die Sporen von seiner Reitlehrerin verliehen bekommen hat, heißt das nicht, dass man sie ab dem Moment für jedes Pferd in jeder Reiteinheit tragen sollte.

Es bleibt immer eine Einzelfallentscheidung, wann dieses Hilfsmittel Sinn macht. Wenn du dir nicht sicher bist, lass sie weg! Grundsätzlich ist nämlich nichts verloren, wenn man ohne Sporen reitet. Im Gegenteil: Was nur mit Sporen klappt und ohne nicht, ist reiterlich nichts wert. Auch ohne Sporen kannst du die Bauchmuskulatur deines Pferdes trainieren und richtig fein reiten.

## Pferdefreundlich Turnierreiten – geht das?

Auf einem Turnier wird die Leistung von Pferden und Reiteren verglichen, und das an diesem Tag beste Paar gewinnt. Was genau als „das beste" angesehen wird, ist allerdings unterschiedlich und je nach Turnierdisziplin und Leistungsklasse aus unserer Sicht fragwürdig. Ganz sicher kann man auch als Turnierreiterin hervorragend und pferdefreundlich reiten, aber man kann im Namen des Reitsports seinem Pferd auch wirklich unschöne Dinge antun. Das liegt nicht nur am System des Sports, sondern letztlich immer an uns selbst. Wir selbst tragen die Verantwortung, wie wir reiten – ob mit Turnieren oder ohne.

Ein Turnier kann aus Pferdesicht ein interessanter Ausflug sein, eine willkommene Abwechslung mit viel Quality Time mit einem gut gelaunten Menschen. Das Training dafür kann geprägt sein von einem gesunden Ehrgeiz, der dazu führt, dass wir uns als Reiterinnen zum Wohl unseres Pferdes verbessern. Die Ausbildung des Pferdes hin zur Turnierreife kann richtig Spaß machen und das Pferd gesund und fit erhalten.

Ein Turnier kann für ein Pferd aber auch eine kaum leistbare Überanstrengung sein, mit einem harten, unzufriedenen, schlecht gelaunten Menschen auf seinem Rücken. Das Training dafür kann schmerzhaft sein. Turniermäßiger Ehrgeiz mit dem falschen Trainer und den falschen Methoden hat unserer Beobachtung nach sogar schon so manche vorher nette Freizeitreiterin zu einer aus Pferdesicht schlechteren, unangenehmeren Reiterin gemacht. Wenn du also turnierreiten möchtest, dann überlege dir gut, auf welche Weise!

### Die passende Disziplin

Turnierreiten soll Spaß machen, und zwar dir und dem Pferd! Geh deswegen erst mal vom Pferd aus: Was macht dein Pferd, deine Reitbeteiligung oder das Lehrpferd, das du reiten darfst, gern? Wofür ist es ursprünglich geeignet? Was kann das Pferd gut? Man kann turniermäßig über haushohe Hindernisse springen oder turniermäßig Baumstämme ziehen. Man kann turniermäßig lange Ausritte machen (Distanz oder TREC-Wettbewerbe) oder flotte Ausritte mit Sprüngen (Stilgeländeritte oder Vielseitigkeit). Man kann turniermäßig Rinder treiben (in der Working Equitation oder im Westernbereich), man kann FN-Dressuren reiten oder Barockturniere.

Es gibt heute viel mehr verschiedene Disziplinen, in denen man sich treffen und messen kann, als früher. Such dir und deinem Pferd oder deiner Reitbeteiligung unbedingt Disziplinen aus, in denen die Tätigkeit selbst euch Spaß macht, nicht nur das hypothetische Gewinnen. Der wichtigste Tipp für pferdefreundliches Turnierreiten lautet: Genießt eure Ritte – nicht nur die Siegerehrung!

Disziplinen, die deinem Pferd nicht so liegen, kannst du natürlich trainieren, aber das muss nicht wettkampfmäßig sein. Es kann also sinnvoll sein, auch als Dressurreiterin einmal pro Woche Cavaletti zu trainieren, aber deswegen musst du kein Zeitspringen nennen. Es macht für jedes Pferd Sinn, auszureiten, aber nicht jeder muss zum 120-km-Distanzritt.

## Die passende Leistungsklasse

Halte dich an den alt bewährten Tipp, auf dem Turnier immer eine Klasse niedriger zu starten, als du im Training reiten kannst. Wenn du zu Hause in der Springstunde durchaus mal 1,2 Meter springst, dann nenne auf dem Turnier bis zu einem Meter. Auch wenn du zu Hause schon an L-Lektionen trainierst, starte auf dem Turnier in der Klasse A. Geübt wird zu Hause, nicht auf dem Turnier!

Warum? Unter Stress werden unsere koordinativen Leistungen etwas schlechter. In fremder Umgebung, nach einer zu kurzen Nacht, auf einem lauten Turnierplatz funktionieren nur die Dinge gut, die zu Hause ohne den Stress schon spielend und nahezu im Schlaf klappen. Das ist normal und geht uns allen so. Die eigentliche Herausforderung bei pferdefreundlichem Turnierreiten ist es, mental gut drauf, locker, angstfrei und die beste Freundin deines Pferdes zu bleiben. Und das gelingt dann, wenn du nicht an deinem reiterlichen Limit kratzt.

## Im Namen der Leistung

In jeder Pferdesportdisziplin gibt es pferdeunfreundliche Trainingsmethoden, mit denen man Pferde zwingen kann, höhere Leistungen zu erbringen. Es wird immer Trainer oder Mitreiter geben, die das Wohl des Pferdes nicht sehen wollen oder können und die diese Methoden anwenden und unter Umständen sogar vor dir platziert werden. Das fühlt sich manchmal nicht fair an und der Erfolg scheint diesen Trainingspraktiken auch noch recht zu geben.

Fragen, die du dir zu diesem Thema stellen kannst, sind folgende:

- Bist du zufrieden und stolz auf deinen Ritt und dein Pferd? Sehr gut. Nichts an deinem Ritt ist weniger wert, nur weil jemand anders vor dir platziert war.

- Reitest du für den Richter/den Zeitungsjournalisten/das Instagram-Foto mit goldener Schleife am Kopf – oder reitest du für dein Pferd? Hat der Turnierritt deinem Pferd Spaß gemacht und gutgetan? Das ist der Erfolg, der wirklich zählt!

Foto © Shutterstock / Elya Vatel

- Was für eine Reiterin möchtest du sein? Das können wir jeden einzelnen Tag neu entscheiden. Die Schlaufzügel (wieder) weglassen, das scharfe Hebelgebiss (wieder) gegen die Trense tauschen, an uns selbst arbeiten, anstatt am Pferd herumzukritisieren.

- Du wählst deine Trainer. Wird bei einem Lehrgang ein Pferd gebarrt, gefenced, an

Foto © Shutterstock / acceptphoto

Nicht die Schleife zählt beim Turnier, sondern die Zufriedenheit deines Pferdes.

Auf Turnieren gibt es viel schlechtes Reiten zu sehen - versuch dich auf die positiven Vorbilder zu konzentrieren.

den Zügeln gerissen, in die Flanken getreten? Dann melde dich dort nicht noch mal an. Zeigen Pferde Schmerzzeichen? Dann verändere diese Trainingsweise. Vielleicht gewinnst du ohne diesen Trainer und diese Trainingsmethoden das nächste Turnier nicht – vielleicht gewinnst du durch eine Trainingsumstellung aber das übernächste Turnier erst recht.

Manchmal müsste man für eine wirkliche Veränderung sein Umfeld enttäuschen oder sogar den Stall wechseln. Das kann hart sein. Dieser Prozess gehört zur eigenen Entwicklung dazu.

**Gewinne keine Schleifen, gewinne das Herz deines Pferdes!**

## Stress und Schmerzen

Im Kapitel Pferdeflüstern hast du viel über Stress- und Schmerzzeichen gelernt. Leider sind noch nicht alle davon allen Pferdemenschen, auch nicht Turnierrichtern, bekannt. Und leider kommt es vor, dass Pferde viele dieser Zeichen zeigen, aber ungeachtet ihrer Schmerzen fehlerfrei springen oder technisch „korrekt" (wenn auch nicht losgelassen) Dressurlektionen oder Trailhindernisse absolvieren. Und so passiert es, dass auch Pferde mit Stress und unter Schmerzen auf Turnieren vorn liegen. Das darf eigentlich nicht wahr sein, oder? Finden wir auch! Deswegen geben wir uns größte Mühe, immer mehr Menschen dahingehend auszubilden, und verleihen auf Turnieren den OsteoDressage Harmoniepreis an glückliche, schmerzfreie Pferde. Gemeinsam möchten wir das Bewusstsein für pferdefreundlichen Sport erweitern und den Fokus auf die positiven Beispiele lenken. Vielleicht gewinnt das glücklichste Pferd mit dem im Pferdesinn besten Reiter nicht unbedingt das Turnier, dafür aber den OsteoDressage Harmoniepreis.

## Nicht alles kann man trainieren

Es gibt Pferde, die hassen Anhängerfahren und das Reiten auf fremden Plätzen. Egal, wie gut du verlädst, egal, wie oft du auswärts trainierst, egal, wie viel Mühe du dir gibst – es gibt Pferde, die sind auf Turnieren, Messen oder auf Shows so gestresst, dass du überhaupt nicht dazukommst, das zu zeigen, was ihr zu Hause so harmonisch hinbekommt. Es gibt Pferde, die so viel Stress auf Veranstaltungen haben, dass sie sich danebenbenehmen und möglicherweise sogar gefährlich werden. Und

Reite auch auf dem Turnier so, wie dein Pferd es liebt.

Illustration © Verena Geiger

Für manche Pferde sind Turniere mit so viel Stress verbunden, dasses besser ist darauf zu verzichten.

es gibt andere Pferde, die zielstrebig in den Anhänger wollen, auf Veranstaltungen so richtig aufblühen und auf dem Turnier besser gehen als zu Hause – unter demselben Reiter, mit demselben Training.

Manche Pferde sind für gewisse Sportdisziplinen und vor allem für höhere Leistungsklassen nicht gemacht. Das kann nicht nur an ihrer Rasse oder der sogenannten Qualität der Pferde liegen. Mit Qualität gemeint sind etwa die Grundgangarten für ein Dressurpferd oder ein Pleasurepferd oder das Springvermögen für ein Springpferd. Für welche Sportdisziplinen Pferde geeignet sind, hängt auch an ihren individuellen Vorlieben und ihrem Gesundheitszustand. Viele kleinere körperliche Problemchen stören ein Pferd im Alltag und in unteren Leistungsklassen überhaupt nicht, bereiten aber Schmerzen ab einer gewissen Sprunghöhe oder in gewissen Seitengängen oder durch die mehrtägige Belastung auf Übernachtungsturnieren. Manche Pferde hassen Lärm, Stress und viele Menschen, anderen ist es egal und manche genießen es sogar.

In vielen Fällen trifft dich als Reiterin oder Besitzerin überhaupt keine Schuld. Du bist weder eine schlechte Reiterin noch ein schlechter Pferdemensch oder hast ein schlechtes Verhältnis zu deinem Pferd, wenn es auf dem Turnier nicht „funktioniert“ wie im Training. Im Gegenteil: Es macht dich vielleicht sogar erst recht zu einem guten Pferdemenschen, wenn du bereit bist einzusehen, wann man welchem Pferd mit weiteren öffentlichen Auftritten keinen Gefallen tut, und wenn du in dem Fall mit diesem Pferd dem Rummel fernbleibst.

Wann immer die Stress- und Schmerzzeichen zunehmen, triff deine Entscheidungen pro Pferd!

# Ein eigenes Pferd?

Den Traum vom eigenen Pferd hat sicherlich jedes Pferdemädchen schon geträumt. Vielleicht gehörst du zu den Glücklichen, für den er sich bereits erfüllt hat. Aber wie du im Kapitel „Pferdehaltung“ schon erfahren hast, ist es nicht ganz einfach, einem Pferd wirklich gute und artgerechte Lebensbedingungen zu bieten. Falls die Entscheidung für oder gegen einen Pferdekauf bei dir also ansteht, gibt es vieles zu bedenken und auch langfristig zu planen.

# Kosten, Zeit, Verantwortung

Ja, es ist toll, sein eigenes Pferd mit niemandem teilen zu müssen. Selbst entscheiden zu können, wie etwas gemacht wird, niemanden fragen zu müssen, so oft zum Pferd zu können, wie man möchte, und die wichtigste Bezugsperson für das eigene Lieblingspferd zu sein. Doch genau mit diesen wunderbaren Möglichkeiten ergibt sich eine große Verantwortung: Für dein Pferd musst du plötzlich Entscheidungen treffen, mit denen man in einer Reitschule nie konfrontiert wird. Welcher Stall, welches Futter, wie viele Stunden Weide, welche Wurmkur, welcher Beschlag, welches Gebiss, welche Reitweise? – Die Liste ließe sich endlos fortsetzen. Doch ganz frei ist man in diesen Entscheidungen auch mit eigenem Pferd nicht. Wer nicht gerade die Möglichkeit hat, seine Pferde mit Familienunterstützung in Eigenregie halten zu können, muss immer Kompromisse machen. Es gilt, Vor- und Nachteile abzuwägen und aus den vor Ort vorhandenen Möglichkeiten auszuwählen, welcher Pensionsstall infrage kommt. Wie viel Einfluss du dort auf die Fütterung und andere Faktoren hast, ist dabei ganz unterschiedlich. In vielen Ställen wird sogar vorgegeben, welcher Hufschmied, Trainer oder Tierarzt auf den Hof kommen darf.

Foto © Madeleine Franck

## Was kostet ein Pferd im Monat?

Nicht nur die Unterbringung eines Pferdes im Pensionsstall kostet monatlich eine Menge Geld. Abhängig davon, ob du eher ländlich oder in der Stadt lebst, ob du Stalldienste selbst übernimmst oder dein Pferd in Vollpension gibst und welche Trainingsmöglichkeiten wie Reithalle und Co dein Stall bietet, kannst du zwischen 200 und 800 Euro für die Stallmiete einplanen. Dazu kommen monatlich fixe Kosten wie Haftpflicht-, OP-Schutz- oder Krankenvollversicherung, Hufpflege oder Beschlag und flexible Kosten für Reitstunden/Training oder Beritt, Mineral- und Zusatzfutter und Zubehör.

Wird dein Pferd krank oder verletzt sich, können sich die Kosten schnell zu hohen Beträgen im Bereich von mehreren Tausend Euro summieren. Mit einer OP- und/oder einer Krankenvollversicherung kannst du dieses Risiko zwar absichern, musst dafür aber jeden Monat

Stallarbeit ist zeitaufwendig – auch wenn Dúfa gerne hilft.

einen festen Betrag (je nach Versicherungsschutz und Selbstbeteiligung zwischen rund 30 und 300 Euro monatlich) investieren. Alles in allem kann man sagen: Ein eigenes Pferd zu haben ist definitiv ein Luxushobby.

Gehst du aktuell noch zur Schule, bist du abhängig davon, dass deine Eltern dich bei der Finanzierung eines Pferdes unterstützen. Tun sie das, ist das natürlich schön für dich! Doch schon jetzt ist es sinnvoll, weiterzuplanen: Was hast du nach der Schule vor? Wirst du eine Ausbildung machen? Möchtest du studieren? Wo wirst du studieren? Wo wirst du wohnen? Wie viel Geld wirst du dann zur Verfügung haben und wie lange werden dich deine Eltern weiter unterstützen? Selbst wenn du jetzt vielleicht mit einem Schülerjob Geld für den Unterhalt eines Pferdes beisteuern kannst, kommt doch der Zeitpunkt, wo du mit deinem verdienten Geld auch deinen eigenen Lebensunterhalt finanzieren musst. Wie traurig wäre es, wenn du dein Pferd in ein paar Jahren wieder verkaufen musst? Und wie schade wäre es, wenn deine Zukunftsentscheidungen dadurch eingeschränkt wären, weil du für ein Pferd sorgen musst?

### Wie viel Zeit hast du jeden Tag?

Vorausplanen solltest du auch, wie viel Zeit du überhaupt in den nächsten Jahren für ein eigenes Pferd hättest. Gehst du beispielsweise aufs Gymnasium, wird die Schule bis zum Abitur von Jahr zu Jahr zeitaufwendiger werden. Und auch wenn dich die Schule vielleicht im Moment nervt, macht es Sinn, sich für einen guten Schulabschluss anzustrengen, um sich langfristig und dauerhaft den Traum vom eigenen Pferd erfüllen zu können. Wie viel Zeit bleibt fürs Pferd, wenn du nach einem langen Schultag noch Hausaufgaben machen und für die nächste Klassenarbeit lernen musst? Falls Fahrtwege und Stallarbeiten dazukommen, solltest du jeden Tag mindestens zweieinhalb Stunden Zeit übrig haben. Bedenke auch, wer sich um dein Pferd kümmern kann und es bewegt, wenn du mal krank bist oder in Urlaub fahren möchtest. Viele Pferdebesitzerinnen suchen sich jemanden als Reitbeteiligung, weil sie es nicht schaffen, tagtäglich so viel Zeit für ihr Pferd aufzubringen. Wenn du jetzt schon weißt, dass es dir auch so gehen wird und du dein Pferd sowieso teilen müsstest, wäre eine Reitbeteiligung statt eines eigenen Pferdes vielleicht vorerst eine gute Option für dich.

## Reitbeteiligung, Pflegepferd

Schon lange bevor wir Dúfa bekommen haben, hatte ich meine erste Reitbeteiligung. Einen Tag in der Woche durfte ich das Pony, auf dem ich zusätzlich auch Reitunterricht hatte, selbstständig versorgen und reiten. Das Ganze war sozusagen eine Mutter-Kind-Reitbeteiligung, weil ich damals noch zu jung war, um allein etwas mit einem Pferd zu machen. Inzwischen habe ich zwei Reitbeteiligungen an Ponys, die im gleichen Stall wie Dúfa stehen. Das hat den Vorteil, dass ich gemeinsam mit meiner Mama ausreiten kann, wenn sie Dúfa reitet. Aus Lissy, dem kleineren der beiden Ponys, bin ich leider inzwischen „rausgewachsen", sodass ich sie öfter longiere, Bodenarbeit mir ihr mache oder einfach mit ihr spazieren gehe. Bonnie, ein größerer Dülmener Mix, reite ich jetzt seit einem Jahr im Reitunterricht bei unserer Trainerin, allein auf dem Platz oder in Begleitung im Gelände. Auch wenn beide Ponys noch von ihrer Besitzerin und jeweils einer weiteren Person geritten werden, sind sie in unserer gemeinsamen Zeit wie ein eigenes Pferd für mich. Beide kommen mir immer freudig entgegen, wenn sie mich sehen, und Lissy wiehert sogar oft zur Begrüßung.

Meine Mama ist zu meinem Glück selbst ein (erwachsenes) Pferdemädchen und hat mir ermöglicht, dass ich seit meiner frühesten Kindheit reiten durfte. Auch ich habe mir früher immer ein eigenes Pferd gewünscht, doch heute sehe ich das tatsächlich anders. Dúfa ist zwar unser Familienpferd, gehört aber offiziell meiner Mama. Ich erlebe also mit, was es bedeutet, ein Pferd zu haben und wirklich jeden Tag, bei jedem Wetter in den Stall zu müssen, sich über Krankheiten zu sorgen und dabei oft überhaupt nicht reiten zu können. Da Dúfa in einem Selbstversorger-Offenstall lebt und nur im Winter nachts in einer Box steht, weiß ich, wie viel Spaß Stallarbeit *nicht* macht, wenn man im Dauerregen, bei Hagel oder auch bei 30 Grad Hitze abäppeln muss, im Winter das Wasser gefriert und man Gießkannen schleppen muss und so weiter.

Bei einer Reitbeteiligung muss man zwar auch oft Stalldienste übernehmen, in der Regel aber nur an dem Tag, an dem man auch reitet. Ich weiß, wie praktisch es ist, als Reitbeteiligung einen Pferdetag auch mal tauschen zu können, weil beispielsweise eine Klassenarbeit ansteht. Und ich weiß, wie viel weniger Verantwortung es für mich bedeutet, dass meine Reitbeteiligungsponys ihre Besitzerinnen haben, die alle wichtigen Entscheidungen für sie treffen. Die sich kümmern, wenn das Pony krank ist oder ein Hufschuh kaputtgeht. Eine Reitbeteiligung zu haben, bietet aus meiner Sicht reiterlich sogar mehr Möglichkeiten als ein eigenes Pferd: Hätte ich beispielsweise Lust auf Springreiten, könnte ich mir ein Reitbeteiligungspferd suchen, das genau daran Spaß hat. Hätte ich dagegen ein eigenes Pferd, das zum Springen nicht geeignet ist, würde ich mich wohl kaum von einem Familienmitglied trennen und lieber aufs Springen verzichten.

## Wie findet man eine Reitbeteiligung?

Am besten fragst du zuerst in dem Stall, in dem du sowieso Reitunterricht hast, ob jemand Unterstützung sucht. Vielleicht gibt es ein Pferd, um das du dich mit kümmern kannst. Ansonsten ist die Kleinanzeigen-App ein prima Weg, um Angebote für Reitbeteiligungen und Pflegepferde zu finden oder vielleicht selbst eine Anzeige mit einer Suche aufzugeben. Die meisten Pferdebesitzer wünschen sich vor allem jemanden, auf den sie sich absolut verlassen können. Es sollte also selbstverständlich sein, sich immer an Absprachen zum Umgang und Reiten zu halten und nicht einfach abzusagen, wenn man feste Tage vereinbart hat. Manchmal wird auch nur eine Pflegebeteiligung für Bodenarbeit und Spaziergänge gesucht, bis sich alle gegenseitig kennengelernt haben, und Reiten ist erst nach einiger Zeit möglich. Wenn Reiten für dich sowieso nicht im Vordergrund steht und du vor allem ein Pferd zum Liebhaben möchtest, ist eine solche Pflegebeteiligung am leichtesten zu finden.

# Pferdezeit = Freundschaftszeit

**Freundschaften entstehen, wenn man sich gut versteht und gemeinsam schöne Erlebnisse teilt. Das ist nicht nur unter Menschen so, sondern auch zwischen Mensch und Pferd. Wenn du dir zu deinem Herzenspferd eine engere, bessere Bindung wünschst, dann verbringe Zeit mit ihm, in der es sich wohlfühlt.**

Sich daran zu orientieren, wie sich das Pferd gerade fühlt, ist übrigens immer ein guter Ansatzpunkt. Damit kannst du Trainingstechniken und die Verwendung von Hilfsmitteln einschätzen und so manche auf den ersten Blick spektakuläre Pferdeshow entzaubern. Viel zu oft sprechen Menschen zwar von Pferdeliebe, benehmen sich ihrem Pferd gegenüber aber überhaupt nicht so, dass es dem Pferd dabei gut geht.

Beginne damit, dein Herzenspferd auf der Weide zu besuchen und dich zu ihm zu setzen. Wenn es friedlich vor sich hin grast und dabei Schritt für Schritt vorwärtsgeht, kannst du davon ausgehen, dass es sich wohlfühlt. Beobachte es und präge dir ein, wie seine Mimik aussieht, wie sich seine Ohren bewegen, wie seine Körperspannung wirkt und so weiter. Dadurch wird es dir in anderen Situationen viel leichter fallen, die Stimmung des Pferdes einzuschätzen und zu erkennen, ob es entspannt ist.

Befreundete Pferde grasen oft gemeinsam, und auch auf dem Paddock suchen sie die gegenseitige Nähe. Sie betreiben Fellpflege, dösen nebeneinander oder spielen miteinander. Wenn du genauso Zeit mit einem Pferd verbringst, kann sich eure Beziehung vertiefen. Dein Pferd oder Pflegepferd hat so die Chance, dich und dein Verhalten besser kennen- und einschätzen zu lernen. Und auch du wirst neue Seiten an deinem Pferd entdecken, die dir vielleicht nicht aufgefallen wären, wenn du immer nur zum Reiten in den Stall kommst. Zeit mit dem Pferd bedeutet Zeit für die Freundschaft!

## Wellness fürs Pferd

Ist das Putzen vor der eigentlichen „Arbeit“ mit dem Pferd für dich nur ein Pflichtprogramm, das du schnell hinter dich bringen willst? Klar, es gibt schönere Beschäftigungen, als den Schlamm aus dem Fell zu kratzen, wenn ein Pferd so völlig matschig und nass vom Paddock kommt. Aber wenn es trocken ist, kann Putzen richtig Spaß machen und gleichzeitig zum Wellnessprogramm fürs Pferd werden.

Foto © Madeleine Franck

Finde heraus, an welchen Stellen dein Pferd am liebsten geschrubbt wird, wo es sanfte Berührungen bevorzugt und was seine Lieblingskraulstellen sind. Je besser du die Vorlieben und Eigenarten deines Pferdes kennst, desto eher wird dir auffallen, wenn ihm vielleicht mal etwas wehtut. Zusätzlich kannst du es mit deinen Händen massieren oder verschiedene Übungen machen, die ihm guttun.

Foto © Madeleine Franck

Übung 1: Claudia schaukelt sanft Hercules' Widerrist.

Das VIDEO dazu
bit.ly/3wjRowU

## Übung 1: Widerrist schaukeln

Stell dich neben die Schulter deines Pferdes und nimm mit deiner Hand sanften Kontakt zum Widerrist auf. Wichtig: Nur das Eigengewicht deiner Hand ruht auf dem Widerrist, deine Finger sind entspannt. Nimm zunächst wahr, wie dein Pferd reagiert: Spannt sich seine Kaumuskulatur an? „Rümpft" es die Nüstern? Legt es die Ohren an? Oder wirkt es entspannt und genießt den Kontakt? Pferde, die eine unpassende Decke tragen, die am Widerrist drückt, oder einen aktuell unpassenden Sattel haben, aber auch Pferde mit beispielsweise Magen- oder Halswirbelsäulenproblemen mögen Berührung am Widerrist oft nicht sofort. Warte hier ab, bis dein Pferd eine entspannte Mimik hat und das Eigengewicht deiner Hand akzeptiert.

Beginne dann, den Widerrist ganz sanft zu dir hin und von dir weg zu schaukeln. Damit du die Hand auf dem Pferdefell nicht anzuspannen brauchst, erzeuge die Bewegung mit der anderen Hand, die du sanft über die Hand auf dem Widerrist legst. Arbeite gern aus deinem Körper, nicht aus dem Bizeps, das macht die Bewegungen fließender. Wähle einen ganz ruhigen Rhythmus. Solange du in dein Pferd hineinhörst, kannst du nichts falsch machen. Die Bewegung wird bei richtiger Ausführung immer fließender und viele Pferde entspannen sich sehr schön.

Dein Pferd ist wehrig und entspannt sich auch dann nicht, wenn du ganz ruhig und geduldig vorgehst? Frage bitte einen Pferdetherapeuten oder Tierarzt.

## Übung 2: Kopffaszie lösen

Nimm sanften Kontakt zum Nasenbein deines Pferdes auf. Die Finger deiner Hand reichen sehr wahrscheinlich bis zum Stirnbereich. Ruhe hier, bis das Pferd sich unter deinen Fingern entspannt. Übe keinen Druck aus – das Eigengewicht der Finger reicht völlig. Streiche

Übung 2: Zum Lösen der Kopffaszie verschiebst du leicht die Haut in kleinen Kreisen.

Streiche dann vom Nasenbein ausgehend leicht nach oben, verschiebe hierbei sanft die Haut unter deinen Fingern. Streiche in einem ruhigen kleinen Kreis nach rechts, bis du wieder auf der Mitte des Nasenbeins landest. Verschiebe wieder deine Finger leicht nach oben und mache einen weiteren Kreis nach rechts. Folge diesem System, bis du am Schopf ankommst. Wiederhole die kleine Massage, indem du wieder von unten ausgehend kleine Kreise nach links machst. Verschiebe dabei immer sanft die Haut. Du wirst spüren, dass das an manchen Stellen besser geht als an anderen. Gründe können Verspannungen der Kaumuskulatur und Faszienrestriktionen sein. Ursachen sind häufig Zahnprobleme, ungesunde Fresspositionen (zum Beispiel durch hängende Heunetze) oder unpassendes Equipment.

Ist dein Pferd bei der Übung wehrig, frage einen Pferdetherapeuten und/oder schau, ob ohnehin eine Zahnkontrolle fällig wäre.

dann sanft mit flachen Fingerspitzen (nicht „Krallen") von unten nach oben bis zum Schopf. Die Bewegung ist langsam und fließend. Viele Pferde bewegen den Kopf in die Finger hinein – wenn dein Pferd mehr Druck möchte, darfst du das gern annehmen. Manche Pferde möchten weniger Druck und weichen etwas zurück – auch das ist völlig in Ordnung, übe dann weniger Druck aus. Streiche mehrmals von unten nach oben. Wahrscheinlich spürst du schnell, dass die Haut sich leicht verschiebt. Das ist erwünscht, löst kleinere Verklebungen und Verspannungen und wirkt so entspannend.

## Bodenarbeit und Tricktraining

Wenn es Probleme mit einem Pferd beim Reiten gibt, bekommt man oft den Rat: „Mach doch mal Bodenarbeit mit ihm." Doch was genau ist damit gemeint? Unter dem Begriff Bodenarbeit lässt sich quasi jede Beschäftigung mit dem Pferd zusammenfassen, bei der der Mensch nicht reitet, sondern am Boden bleibt.

Wenn von Bodenarbeit die Rede ist, meint der eine Trainer also vielleicht ein einfaches Führtraining, der andere meint Longieren, Gelassenheitstraining, klassische Handarbeit,

Koordinationsübungen, Zirkuslektionen oder Tricktraining. Falls du mit Bodenarbeit noch gar keine Erfahrung hast, frag doch mal deine Trainerin, ob sie dir in der Reitstunde Longieren oder Handarbeit zeigen kann. Oder wünsch dir zum Geburtstag einen Lehrgang zu einem neuen Thema, das dich interessiert – wie wäre es zum Beispiel mit Horse Agility?

Pferde mögen Abwechslung, vielfältiges Training und Beschäftigung, sie haben Spaß daran, neue Dinge auszuprobieren, wenn die Lernbedingungen stimmen. Letzteres ist der Fall, wenn die Stimmung entspannt und stressfrei ist und wenn du vor allem positive Verstärkung einsetzt.

## Wie lernen Pferde?

Positive Verstärkung ist ein Begriff aus der Lerntheorie, der meint, dass etwas hinzugefügt wird (= positiv), was dafür sorgt, dass ein Verhalten vermehrt gezeigt, also verstärkt wird (= Verstärkung). Vereinfacht könnte man sagen, dass mit Belohnungen anstatt mit Strafen gearbeitet wird. Für das Lernen entscheidend ist jedoch immer das Gefühl, das ein Pferd zu einer Situation, einer Übung oder einem Gegenstand hat. Ist das Gefühl angenehm, wird es sich irgendwohin orientieren oder sein Verhalten wiederholen. Fühlt es sich bei etwas schlecht, versucht es zukünftig diese Situation zu vermeiden. Eine Belohnung, wie ein Lob, ein Leckerli oder ein Fellkraulen, funktioniert nur dann als positiver Verstärker, wenn das Pferd sie tatsächlich als belohnend empfindet und sich darüber

Mit positiver Verstärkung ist Bodenarbeit entspannt und stressfrei möglich.

Foto © Madeleine Franck

freut. Mag es gerade gar nicht gekrault werden oder ist es vielleicht sogar enttäuscht, weil es statt Kraulen ein Leckerli erwartet hat, wird das vorherige Verhalten nicht verstärkt.

Leider ist es im Pferdetraining üblich, dass nicht mit positiver, sondern mit negativer Verstärkung gearbeitet wird. Das bedeutet lerntheoretisch, etwas wird weggenommen (= negativ), damit ein Verhalten vermehrt gezeigt wird (= Verstärkung). Damit das Gefühl des Pferdes zu dem gewünschten Verhalten trotzdem angenehm ist, wird üblicherweise zuerst Druck aufgebaut. Diesen Druck nimmt der Mensch dann weg, wenn das Pferd die gewünschte Reaktion zeigt. Jetzt ist das Pferd erleichtert, es fühlt sich also besser und wird das so trainierte Verhalten deswegen zukünftig häufiger zeigen.

Das Prinzip der negativen Verstärkung wird in manchen Trainingskonzepten eingesetzt, um das Pferd zu zwingen, sich dem Menschen anzuschließen. Das kann man immer wieder auch bei Vorführungen zur vermeintlichen „Freiarbeit" beobachten: Dabei wird das Pferd erst gescheucht und mit der Peitsche oder Gerte Druck gemacht, bis der Mensch es dann körpersprachlich auffordert, herzukommen. In der Nähe des Menschen fällt der Stress vom Pferd ab, es fühlt sich erleichtert, denn der Mensch hört sofort auf, mit Peitschen und Armen zu wedeln. Dieses positive Gefühl macht die Nähe zum Menschen zur Sicherheitszone und verstärkt das Bestreben des Pferdes, dorthin zu kommen. Doch ist das echte Freundschaft? Kann man wirklich von Vertrauen sprechen, wenn der Mensch nicht nur derjenige ist, der dem Pferd Sicherheit anbietet, sondern gleichzeitig derjenige, der ihm zuvor Stress und Angst bereitet?

Foto © Madeleine Franck

Wenn Dúfa ihr Clickwort hört, brummelt sie jedes Mal vor Freude.

## Clickertraining

Clickertraining ist eine Methode, die positive Verstärkung nutzt, um Verhalten zu trainieren. Dabei lernt das Tier zuerst, dass ein bestimmtes Geräusch wie das Klickklack eines Clickers immer eine echte Belohnung ankündigt. Anstatt des Clickers kann man dafür auch einen Zungenklick oder ein kurzes, prägnantes Wort benutzen, was deutlich praktischer ist. Dúfas Clickwort beispielsweise ist „Top", das Clickwort meiner Mini-Aussie-Hündin Funny ist ganz einfach „Click".

Man koppelt also zuerst immer ein „Top" mit dem Füttern eines Leckerchens, bis das Pferd diese Verbindung in seinem Gehirn abgespeichert hat. Danach kann man das Clickwort immer dann benutzen, wenn man dem Pferd sagen möchte: „Ja, richtig gemacht, genau das Verhalten lohnt sich!", denn man verspricht ihm quasi die anschließende Belohnung. Das hat den Vorteil, dass man zeitlich viel exakter und auch aus der Entfernung belohnen kann und nicht mehr nur in dem Moment, in dem man das Leckerli ins Maul schiebt. Außerdem freut sich das Pferd, wenn es das Clickwort hört – es verknüpft also ein gutes Gefühl mit allem, was man üben möchte. Damit ist Clickertraining nicht nur eine tolle Methode, um Tricks und Co zu trainieren, sondern auch, um dem Pferd zu helfen, mit Situationen besser umzugehen, in denen es ansonsten gestresst reagieren würde.

Übrigens hilft das Clickwort deinem Pferd auch dabei, zu verstehen, dass es kein Leckerli gibt, wenn du gar nicht geclickt hast und sich betteln nicht lohnt. Achte zusätzlich immer darauf, wo und wie du nach dem Clickwort die echte Belohnung gibst. Damit dein Pferd nicht anfängt, in deinen Taschen zu suchen, muss es das Prinzip des „Lieferservices" verstanden haben: Du sagst erst dein Clickwort und lieferst danach das Futter genau ins Maul, wenn der Kopf des Pferdes geradeaus zeigt. Ist dein Pferd tendenziell eher aufdringlich, kannst du diese sogenannte Höflichkeitsübung zuerst getrennt durch einen Zaun machen. Dabei kommt es vor allem auf dein Timing an: Immer zuerst das Clickwort sagen, nicht schon vorher in die Tasche greifen. Und das Leckerli wirklich nur geben, wenn der Kopf gerade ist, und nicht, wenn das Pferd dir entgegenkommt – also Lieferservice statt Abholung. Wenn dein Timing stimmt, wird dein Pferd sehr schnell den Kopf immer in eine Geradeausposition drehen, sobald du geclickt hast.

## Frei stehen

Dúfa hat gelernt, frei und unangebunden stehen zu bleiben, wenn man sie irgendwo „parkt". Das ist sehr praktisch, wenn du für ein Foto ein paar Schritte vom Pferd weggehen möchtest. Es ist außerdem eine gute Einstiegsübung ins Clickertraining, um das Prinzip des Lieferservices weiter zu festigen.

Traditionell übt man das freie Stehen, indem das Pferd jedes Mal korrigiert wird, wenn es seine Position verlässt. Man nörgelt also am Pferd herum und macht ihm das Weggehen so lange ungemütlich, bis es sich entscheidet, sich lieber nicht zu bewegen, um Stress zu vermeiden.

Mit dem Clickwort geht es viel netter: Parke dein Pferd auf dem Reitplatz, indem du sein Signal zum Anhalten („Brrr" oder ähnlich) sagst. Geh dann einen Schritt vom Pferd weg, sage dein Clickwort und geh sofort wieder zu ihm zurück, um ihm sein Leckerli zu geben. Belohne auf diese Art mehrfach, dass dein Pferd stehen bleibt, obwohl du dich jeweils einen Schritt von ihm wegbewegst. Beende die Übung, indem du es mit Schnalzen oder einem Wortsignal wieder zum Losgehen aufforderst. Klappt dieses Spiel mit einem Schritt Weggehen, mache als Nächstes zwei Schritte vom Pferd weg, bevor du clickst und zurückgehst. Übe dann, drei, vier Schritte oder neben und um das Pferd herumzugehen. Zusätzlich zu Clickwort und Leckerli das Loben nicht vergessen!

## Dinge im Maul halten oder aufheben

Für einen TikTok-Dreh haben wir Dúfa vor ein paar Jahren mal beigebracht, ihre Futterschüssel nach dem Fressen selbst vom Boden aufzuheben und in die Hand zu reichen. Da sie sowieso sehr gern Dinge ins Maul nimmt, war es nicht schwer, das Signal dafür auch auf andere Gegenstände zu übertragen. Das gilt übrigens für die meisten Pferde: Das Maul ist eines der wichtigsten Sinnesorgane, weshalb Pferde gern Dinge mit den Lippen erkunden.

Dinge ins Maul nehmen? Kein Problem für Dúfa.

Hierbei kannst du dein eigenes Click-Timing trainieren, denn anfangs clickst du schon, sobald sich dein Pferd für den Gegenstand interessiert, den du ihm hinhältst, dann für Lippenkontakt, dann für Herumspielen. Probiere es zum Beispiel mit einer Gerte, die kann dein Pferd gut festhalten. Nimmt es die Gerte mit den Zähnen, benutze dein Clickwort und lobe es tüchtig mit deiner Stimme, bevor es zum Fressen des Leckerlis wieder loslassen muss. Hat das Zufassen und Festhalten ein paarmal geklappt, kannst du ein Wort wie „Nimm's!" dazusagen. Dann kannst du die Gerte auch auf den Boden legen und abwarten, ob dein Pferd nach der Aufforderung „Nimm's" die Gerte selbstständig aufhebt. Je mehr du lobst und belohnst, desto mehr Spaß werdet ihr beide daran haben, neue Dinge zu erclickern!

## Spanischer Schritt

Der Spanische Schritt ist Dúfas absoluter Lieblingstrick. Das liegt daran, dass sie ihn nicht nur über positive Verstärkung gelernt hat, sondern dass diese Art der Bewegung im natürlichen Imponierverhalten von Pferden vorkommt und sich deswegen sowieso schon gut anfühlt. Außerdem ist der korrekt ausgeführte Spanische Schritt dazu geeignet, die Muskulatur der Schulter zu lockern. (Deshalb gibt es bei OsteoDressage übrigens einen Onlinekurs dazu.)

Auch den spanischen Schritt hat Dúfa mit Clickertraining gelernt.

Es ist relativ leicht, mit einem Clickwort das Pferd dazu zu bewegen, ein Vorderbein anzuheben. Dúfa hat dafür gelernt, dass es Clicks für das Berühren des Beins mit einer Gerte gibt. Dann musste sie selbst die Gerte berühren, um den Click zu bekommen, wobei die Gerte immer weiter nach oben/vorn gehalten wurde. Damit daraus jedoch ein schöner Spanischer Schritt wird, gibt's ein paar Dinge zu beachten: Stell dich von Anfang an neben dein Pferd, sodass ihr in die gleiche Richtung schaut. Bring möglichst bald Bewegung ins Spiel, indem du die Belohnung nicht mehr im Stehen gibst. Geh stattdessen sofort nach dem Anheben des Vorderbeins (wofür du dein Clickwort gesagt hast) mit dem Pferd im Schritt an und belohne es im Laufen. Hat es das Prinzip verstanden, kannst du zusätzlich ein Stimmsignal (bei Dúfa „Hoch") einführen. Übe das Anheben beider Vorderbeine erst getrennt, indem du von beiden Seiten abwechselnd führst. Klappt das alles gut, kannst du das Pferd während des Schrittgehens auffordern, ein Vorderbein anzuheben, dann abwechselnd links und rechts, dann drei Schritte lang, dann vier und so weiter.

## Longieren als Dialog

Es gibt nicht nur verschiedene Reitweisen, sondern auch unterschiedliche Arten zu Longieren. Das von Katharina entwickelte Konzept „Longieren als Dialog", oder kurz „LAD", hat viele Vorteile und wirkt sich nicht nur positiv auf den Pferdekörper, sondern auch auf dein Reiten aus. Du lernst dabei, deine Körpersprache analog zu den Gewichtshilfen beim Reiten einzusetzen und dem Pferd eine Anlehnung an die Hand zu ermöglichen, bei der es keine Angst haben muss, dass plötzlich eine unangenehme Einwirkung passieren könnte. Deine Hand hältst du nämlich ruhig und passiv – es wird nicht an der Longe gezupft oder gar geruckt, um irgendwie die Kopf-Hals-Haltung zu beeinflussen.

LAD verhilft dem Pferd zu einem besseren Gleichgewicht, zu mehr Losgelassenheit und einer gesunden Bewegungsweise. Wichtig dabei ist: Das Pferd darf aktiv Bewegungsvorschläge machen, es wird nicht in eine äußere Form gedrängt, denn seine individuell „richtige" Form wird es im Laufe der Zeit durch den sinnvollen Aufbau der Übungen selbst finden. Dadurch wird das Longieren zu einer weiteren Beschäftigung, bei der dein Pferd mit dir als Partnerin freudig sein Bewegungsbedürfnis ausleben kann. Gleichzeitig macht es dein Pferd fitter und stärkt die Muskulatur, die es braucht, um gesunderhaltend geritten zu werden.

Wenn Longieren bisher nicht zu deinen Lieblingsbeschäftigungen gehörte oder dein Pferd ungern länger auf einer Kreislinie läuft, probiere Longieren als Dialog aus. Möchtest du richtig gut longieren lernen, macht es Sinn auch darin Unterricht zu nehmen.

## Equipment

Beim LAD wird ausschließlich am Kappzaum longiert, nie mit Hilfszügeln und nie an der Trense. Ohne einen Zaum, bei dem du die Longe auf Höhe des Nasenbeins befestigen kannst, funktioniert das ganze Konzept nicht. Benutze am besten eine leichte Longe mit Befestigungsschnalle, damit dem Pferd kein schwerer Karabiner auf der Nase herumrutscht. Außerdem brauchst du eine Longierpeitsche oder auch mehrere in unterschiedlicher Länge (falls du hast). Trage zum Longieren aus Sicherheitsgründen immer Handschuhe.

Da das Genick des Pferdes ein sehr empfindlicher Bereich ist, musst du dir der Kraftübertragung bewusst sein, die mit dem Kappzaum möglich ist. Er darf nicht als Bremse oder mit rückwärtsgerichtetem Zug eingesetzt wer-

Dein "Bauchnabelscheinwerfer" beleuchtet die Linie, auf der dein Pferd laufen soll.

Illustration © Verena Geiger

den, da das Pferd ansonsten den Hals nach außen drehen oder im Halsansatz nach innen abknicken würde. Beides ist schädlich für die Strukturen im Pferdehals.

## Die Basisübung

Bevor du mit dem eigentlichen Longieren beginnst, sollte dein Pferd bereits aufgewärmt sein. Am besten eignet sich dafür ein etwa 20-minütiger Spaziergang im Gelände. Danach ist die Basisübung der ideale Einstieg in die Arbeitsphase.

Die Bewegungsrichtung des Pferdes ergibt sich beim LAD aus deiner Körperdrehung. Dafür kannst du dir vorstellen, dass aus deinem Bauchnabel ein Scheinwerfer strahlt, der den Weg beleuchtet, den das Pferd laufen soll. Damit das Pferd linksherum vorwärts läuft, drehst du also deinen ganzen Rumpf (nicht nur den Kopf!) nach links und deine Fußspitzen zeigen mehrere Meter vor das Pferd, damit es Raum hat, dorthin zu laufen. Durch deine Körperspannung und deine Position zum Pferd kannst du sein Tempo beeinflussen. Erhöhst du deinen Muskeltonus, machst energische Schritte und ist deine Position eher hinter dem Pferd, wird es sein Tempo erhöhen. Atmest du betont aus und verringerst deine Körperspannung, wird auch das Pferd entspannter und langsamer laufen.

Bei der Basisübung longierst du dein Pferd abwechselnd auf der ganzen Bahn und einer Volte. So wechseln sich Wendungen und Geraden immer ab, was sowohl gymnastisch als auch psychisch sinnvoll ist. Du kannst damit beginnen, das Pferd auf dem Reitplatz in der Basisübung zu führen und dann aus dem Führen heraus den Abstand zum Pferd vergrößern. Wenn du das Pferd wie eben beschrieben linksherum lenkst, zeigt deine linke, longenführende Hand nach links. In der rechten Hand hältst du die Peitsche als Verlängerung deines rechten Arms.

Foto © Madeleine Franck

Sontje war zu spät dran mit Treiben, deshalb hängt die Longe durch. Das kann sie mit einer Wischbewegung der Peitsche über dem Boden korrigieren.

Mit der Peitsche stellst du den Abstand zwischen dir und dem Pferd her, damit es nicht nach innen kommt. Dabei bleibt die Peitsche immer im Gesichtsfeld des Pferdes, wird also nicht in eine unsichtbare Position hinter deinen Rücken genommen. So empfindet das Pferd es nicht als plötzlichen „Überfall", wenn du die Peitsche bewegst, um sie einzusetzen. Deine Ellbogen sind beide leicht angewinkelt und in der Grundhaltung zeigt die Spitze der Peitsche passiv in Richtung Sprunggelenk des Pferdes. Möchtest du sie einsetzen, um den Abstand zu vergrößern, kannst du eine Art „Scheibenwischerbewegung" auf dem Boden zwischen dir und dem Pferd damit machen. Außerdem dient das Anheben der Peitsche als optisches Signal in Kombination zu deiner Körperspannung und deinem Stimmsignal, wenn das Pferd in

Lissy hatte Spaß an dieser Longiereinheit und hat sich zusätzlich gerade ein Leckerli verdient.

die nächsthöhere Gangart wechseln soll. Bei der Basisübung liegt das Hauptaugenmerkt zunächst auf der Linienführung. Versuch durch deine Körperdrehungen das Pferd immer besser auf exakt der Linie zu führen, die du angedacht hast. Als optische Unterstützung kannst du dir auch Hütchen oder andere Markierungen aufstellen. Viele weitere Übungen lassen sich integrieren, sobald diese Grundlage sitzt und dein Pferd und du Spaß am Longieren gefunden haben.

## Spaziergänge und Ausritte

Gemeinsam ins Gelände zu gehen und die Natur zu genießen, ist für die meisten Pferde die schönste Abwechslung im Alltag. Es entspricht viel mehr ihrem Naturell, zusammen mit ihrer Herde umherzuziehen, als beispielsweise in einer Reithalle über Hindernisse zu springen. Wenn du mit deinem Herzenspferd gemeinsam unterwegs bist, werden die kleinen Abenteuer, die ihr dabei erlebt, eure Freundschaft noch mehr zusammenschweißen. Bist du noch nicht sattelfest genug für einen Ausritt, kannst du dieses Zusammengehörigkeitsgefühl auch bei gemeinsamen Spaziergängen stärken. Erkunde das Gelände in der Umgebung eures Stalls am besten in Gesellschaft eines gechillten anderen Pferdes. So hat dein Pferd ein gutes Vorbild, an dessen Verhalten es sich orientieren kann, wenn du selbst noch etwas unsicher bist.

### Spaziergänge

Spaziergänge sind eine tolle Beschäftigung für Pausentage, an denen dein Pferd reitfrei hat, aber trotzdem Bewegung braucht. Manchmal kommt es auch vor, dass ein Pferd verletzungsbedingt längere Zeit nicht geritten werden darf. Kein Grund für Langeweile, sondern eine Gele-

An reitfreien Tagen hat Dúfa Spaß an gemeinsamen Spaziergängen und kleinen Trainingseinheiten im Wald.

genheit, sich gegenseitig noch besser kennenzulernen und sich die Zeit zu nehmen, vom Boden Dinge zu üben, die dir beim Ausreiten zugutekommen. Geht dein Pferd beispielsweise gut durch Pfützen? Oder macht es um jeden Wasserfleck am Boden einen großen Bogen, eine unerwartete Vollbremsung oder einen plötzlichen Sprung? Dann benutze dein Clickwort und ein paar extragute Leckerli, um ihm den Kontakt mit dem nassen Element schmackhaft zu machen. Lass es ein paar Schritte vor der Pfütze anhalten und dann jeweils einen einzelnen Schritt vorgehen, um einen Click und eine Belohnung zu bekommen. An der Pfütze angekommen, fordere es wie selbstverständlich zum nächsten Schritt auf. Vielleicht wird es einen Moment überlegen, dann vielleicht am Wasser schnuppern und nur einen kleinen Schritt machen – click. Gib ihm die Zeit, die es braucht, um sich ohne Druck für den Schritt ins Wasser und damit für den nächsten Click und die Belohnung zu entscheiden. So kannst du auch in vielen anderen Situationen das Vertrauen deines Pferdes in dich und seine Umgebung stärken. Hast du dich schon mal gefragt, wie oft dein Pferd etwas entscheiden darf, wenn du dabei bist? Wie bereits an anderen Stellen in diesem Buch zu lesen war, glauben viele Pferdemenschen, dass sie sich dem Pferd gegenüber durchsetzen müssten, um selbst als ranghöher anerkannt zu werden. Da das aber gar nicht stimmt, gibt es keinen Grund dafür, sich ständig über die Wünsche deines Pferdes hinwegzusetzen. Pferde gelten als besonders „brav“, wenn sie ohne zu hinterfragen tun, was man von ihnen möchte, und werden als „stur“ bezeichnet, wenn sie beispielsweise versuchen, „ihren Ponydickkopf durchzusetzen“. Ich finde es dagegen ziemlich cool, wenn Dúfa ihre eigene Meinung zeigt, und ich verstehe, was sie mir sagen möchte. Auf Spaziergängen lasse ich daher oft sie entscheiden, wo wir langgehen sollen. Sie hat ihre Lieblingswege und kennt alle Stellen, an denen wir bestimmte Dinge üben können. Daher entscheidet sie sich fast immer als Erstes dafür, ins

Meist ist das sehr süß, wenn sie beispielsweise wiederholt an Aufstiegshilfen im Wald einparken will, weil sie weiß, dass sie mit Reiter endlich schneller laufen kann als mit einem Spaziergänger neben sich. Manchmal bleibt sie aber auch an einer Kreuzung stehen und wendet ihren Kopf in die eine Richtung, obwohl ich in die andere möchte. Wie in einer echten Freundschaft suchen wir dann Kompromisse – wenn nichts dagegenspricht, folge ich ihrem Vorschlag, und wenn wir zum Stall zurückmüssen, muss Dúfa mit ein bisschen Überredung eben meinem Weg folgen. Dafür darf sie beim nächsten Spaziergang wieder entscheiden.

Unterholz abzubiegen, wenn wir den Wald erreichen. Dort gibt es viele heruntergefallenen Äste, über die sie steigen kann (sie liebt auch auf dem Reitplatz alles, was mit Stangen zu tun hat), und den ein oder anderen abgesägten Baumstumpf, den sie als Podest benutzt und mit den Vorderhufen raufsteigt (das hat sie natürlich vorher mit einem richtigen Podest gelernt). Ich belohne sie dafür, einfach weil es schön ist, dass sie sich so darüber freut.

Natürlich führt das Selbst-entscheiden-Lassen dazu, dass Dúfa viel öfter und auch unaufgefordert ihre Meinung sagt als andere Pferde.

## Ausreiten

Im Gelände zu galoppieren ist für mich die schönste Art zu reiten. Allerdings macht das nur so richtig Spaß, wenn man seinem Pferd wirklich vertrauen kann und es sich auch draußen mit feinen Hilfen reiten lässt. Auf einem durchgehenden Pferd zu sitzen, ist nicht halb so lustig, wie es auf so manchem TikTok-Video wirkt. Das habe ich einmal auf einem Ferienreithof erlebt. Und im Gelände zu stürzen, muss man auch nicht ausprobieren. Daher ist es eine gute Idee, nicht immer auf den gleichen Strecken zu galoppieren und auch im Gelände an sich selbst und mit dem Pferd zu trainieren.

Probiere zum Beispiel mal aus, auf einer Trabstrecke immer nach zehn Schritten deinen Sitz zu wechseln: auf dem linken Fuß leichttraben, dann leichter Sitz, dann aussit-

Fotos © Madeleine Franck

zen, dann auf dem rechten Fuß leichttraben, dann wieder leichter Sitz und so weiter. Oder wechsle einfach nur nach einer bestimmten Schrittzahl zwischen Leichttraben auf dem linken und dem rechten Fuß hin und her. Das sollte klappen, ohne dass dein Pferd im Takt gestört wird, also während es gleichmäßig unter dir weitertrabt.

Setze dir selbst kleine Aufgaben, wie zum Beispiel an bestimmten Punkten (genau beim nächsten Baum, der Bank, einem Schild usw.) ohne Zügelhilfen einen Übergang zu reiten oder anzuhalten. Wenn ich mit jemandem gemeinsam ausreite, übe ich jedes Mal, aus dem Sitz heraus das Tempo zu verlangsamen oder ein paar Meter Schrittpausen zu machen, obwohl das andere Pferd vorweg weitertrabt. Wie gut das klappt, liegt nicht unbedingt nur daran, wie gut die Hilfen gerade sind, sondern manchmal einfach am Ausbildungsstand oder dem Aufregungslevel des jeweiligen Pferdes. Aber Üben lohnt sich, und Erfolge zu haben macht Spaß!

Du kannst auch mal im Slalom zwischen Bäumen entlang, im Schenkelweichen Zickzack von der einen zur anderen Wegseite oder andere kleine Übungen reiten. Das alles hilft dabei, dass dein Pferd auch beim Ausreiten nicht auf Autopilot schaltet. Damit ihr nach einem schönen Ausritt wieder entspannt zu Hause ankommt, ist es übrigens immer sinnvoll die letzten zehn Minuten abzusteigen, den Sattelgurt zu lockern und den Rest des Weges zu führen.

## Reiten mal anders

Wenn du versuchst #reitenwieespferdelieben umzusetzen, trägt eigentlich jeder Ritt dazu bei, die Freundschaft zwischen dir und deinem Pferd oder deiner Reitbeteiligung zu festigen. Dennoch gibt es Erlebnisse, die sogar noch ein bisschen mehr Spaß machen als ein normaler Ausritt oder eine Reitstunde und die euer gegenseitiges Vertrauen stärken.

Ausflüge und Urlaube mit Pferd stehen für viele Pferdemädchen auf der Wunschliste: Einmal am Strand galoppieren, mit dem Pferd im See schwimmen, einen Extreme Trail Park besuchen oder sich mit Freunden zu einem

Wanderritt treffen – es ist toll, wenn ein solcher Traum wahr wird.

Aber es gibt auch viele schöne Sachen, die man zu Hause auf dem eigenen Reitplatz umsetzen kann. Wie wäre es, wenn du mit deinen Freundinnen einen Trailtag an eurem Stall organisierst? Oder wenn du einfach öfter mal „anders" reitest als sonst, zum Beispiel mit Halsring?

## Reiten mit Halsring

Ein Halsring ist ein fester Ring, der lose um den Pferdehals gelegt wird. Das Pferd wird damit ohne Trense oder andere Zäumung geritten, wobei der Halsring mit einer Hand gehalten wird. Je nachdem, ob du die Richtung ändern oder das Pferd bremsen willst, legst du den Ring seitlich oder vorn am Pferdehals an. Der

Ring hilft also ein bisschen, ersetzt aber nicht wirklich die Zügelhilfen. Du musst vielmehr in der Lage sein, dein Pferd zügelunabhängig nur mit Gewichts- und Schenkelhilfen zu reiten, weshalb dir das Halsringreiten auch hilft, genau darin immer besser zu werden.

Für die ersten paar Versuche ist es gut, den Halsring mit einer zusätzlichen Absicherung auszuprobieren. Lass also die Trense am Pferd, leg ihm zusätzlich den Halsring um und lass die Zügel komplett durchhängen und auf dem Hals liegen. Wenn du einen Maria-Hilf-Riemen am Sattel hast, kannst du die Zügel dort hindurchfädeln, damit sie nicht hinunterrutschen.

Versuche (wie immer) ausbalanciert und entspannt auf dem Pferd zu sitzen. Reite im Schritt los und probiere aus, wie du die Richtung bestimmen kannst: Wenn du abbiegen möchtest, dreh zuerst deinen Körper leicht, sodass dein Gesäß, dein Oberkörper und deine

Klappt das Halsringreiten im Schritt und Trab, macht es im Galopp nochmal extra viel Spaß.

Foto © Madeleine Franck

des nur von vorn locker berührt. Das Ziel ist es, ihn immer nur kurz einzusetzen und dann wieder nachzugeben.

Auch das Anhalten solltest du im Schritt üben, bevor du dich an eine höhere Gangart traust. Lass dein Kreuzbein absinken, atme dabei aus und leg den Halsring von vorn mittig an den Hals des Pferdes.

Schultern das Pferd quasi in die neue Richtung mitnehmen. Dadurch verlagert sich das Gewicht etwas mehr auf deinen inneren Sitzbeinhöcker. Achtung: Nicht zu viel drehen und auch nicht in die Kurve lehnen, dein Oberkörper bleibt immer aufrecht. Setz, falls nötig, dann deinen Schenkel ein und leg zusätzlich den Halsring an der Außenseite des Halses an, als wolltest du das Pferd in die neue Richtung schieben. Reite auf diese Art Schlangenlinien und einfache Bahnfiguren, damit du und dein Pferd ein Gefühl für die Abstimmung der Hilfen bekommt. Wie viel Halsringeinsatz ist nötig für eine weiche Kurve? Wie viel für ein Abbiegen vom Hufschlag auf die Mittellinie?

Reagiert dein Pferd auf deine Hilfen, halte den Ring wieder mittig, sodass er den Hals des Pfer-

Übrigens: Je weiter oben du den Ring einsetzt, desto stärker ist die Wirkung; versuche also erst einmal den Ring möglichst tief zu lassen. Zusätzlich kannst du auch Stimmsignale wie „Brrr" oder „Hooo" benutzen, die dein Pferd fürs Anhalten kennt.

Denk daran, dein Pferd ausgiebig zu loben, wenn es sich bemüht, deine Hilfen umzusetzen! Du kannst das Lenken und Anhalten auch ein paarmal mit Clickwort und Leckerli verstärken. Aber Achtung: Da du zum Belohnen immer anhalten und dich vorbeugen musst, kann es leicht passieren, dass bei schlechtem Click-Timing deine Hilfen ungenau werden und dein Pferd außerdem denkt, stehen bleiben lohne sich mehr als Bewegung. Vielleicht hilft euch statt Belohnen auch die Kombination aus Zügel- und Halsringhilfen, wenn dein Pferd anfangs nicht sofort weiß, was du von ihm willst. Loben ist natürlich trotzdem immer sinnvoll.

Sontje findet ihr übrigens auf Instagram unter @sontjes_pferdetagebuch und @sontjesdogsworld

# Pferdewelt auf TikTok, Instagram und Co

Falls du einen Instagram- und/oder einen TikTok-Account hast, bekommst du sicher jede Menge Pferdecontent zu sehen. Auf Social Media gibt es unzählige Pferdemenschen, die dich in ihr privates Ponyhofleben mitnehmen oder fachliche Informationen aus ihrem Berufsleben rund ums Reiten, um Pferdephysiotherapie, Hufpflege, Fütterung und vieles mehr teilen. Ob du es willst oder nicht: Die von solchen Influencern gezeigten Videos und Fotos beeinflussen deine Meinung und deine Vorstellung von gutem Reiten und ganz generell vom Umgang mit Pferden.

## Gute Vorbilder – schlechte Vorbilder

Reiterliche Vorbilder zu haben, ist eigentlich etwas Gutes. Wichtig ist nur, sich bewusst dafür zu entscheiden, wen man sich als Vorbild nimmt. Auf Social Media passiert das eher nebenbei. Auch wenn du es nicht immer merkst, färben die Menschen, mit denen du online Zeit verbringst beziehungsweise deren Content du dir ansiehst, auf dich ab. Manchen Accounts folgst du vielleicht vor allem, weil du die Menschen sympathisch findest, die Ponys so niedlich sind oder die Pferdevideos lustig. Wer täglich die Storys eines Accounts verfolgt, hat das Gefühl, ganz nah dabei zu sein und die Menschen und die Pferde hinter dem Account persönlich zu kennen. Doch selbst eine minutenlange Story zeigt nur einen minimalen Ausschnitt aus einem Tag, und es ist wichtig zu verstehen, wie Social Media funktioniert: Wer etwas postet, achtet darauf, was bei seinen Followern erwünscht ist und wofür er positives Feedback und viele Likes bekommt. Um sich selbst vor negativen Kommentaren und unerwünschten Ratschlägen zu schützen, zeigen Influencer dir vor allem den Teil der Realität, der gut ankommt. Und das gilt auch, wenn mit dem Hashtag #fürmehrrealitätaufinstagram ein Failvideo gepostet wird.

Du solltest also einerseits darauf achten, dass du nicht mit unrealistischen Erwartungen zu deinem eigenen Pferd oder Pflegepferd gehst und dich nicht schlecht fühlen, wenn etwas bei euch nicht genauso klappt wie im geschnittenen TikTok-Video. Andererseits solltest du aufpassen, wem du online deine Zeit und Aufmerksamkeit widmest, weil sich die gezeigten Bilder in deinem Kopf festsetzen.

### Woran erkennt man gute Vorbilder?

Die Online-Pferdewelt bietet unfassbar viel kostenloses Wissen, von dem jedes interessierte Pferdemädchen profitieren kann. Es gibt tolle Podcasts, in denen Experten ausführlich über bestimmte Themen sprechen, es gibt kostenlose Webinare, Erklärvideos, Insta- und TikTok-Lives, während denen man Fragen stellen kann, und so weiter.

Geht es dir darum, mehr Fachwissen über Pferde zu bekommen, sind gute Vorbilder solche, die nicht nur Meinungen, sondern belegbares Wissen verbreiten. Natürlich sind auch Erfahrungswerte wertvoll, wenn die Menschen hinter dem Account eine seriöse Ausbildung in dem Bereich haben, in dem sie posten. Eigene Meinungen sollten jedoch als solche erkennbar und nicht wie Tatsachen behauptet werden. Beschäftigt sich der Account auch mit neuen Erkenntnissen aus Studien, also wissenschaftlichen Untersuchungen? Werden dazu Quellenangaben genannt? Prima, denn viele Dinge über Pferde wusste man früher gar nicht so genau, und inzwischen hat irgendjemand dazu geforscht und etwas Neues herausgefunden.

Viele Accounts vermischen Fachwissen mit Unterhaltung, wieder andere werden von Influencern betrieben, die nicht professionell mit Pferden arbeiten, sondern einfach private Reiter sind. Wenn du einem solchen Account folgst, achte auf die Einstellung der Person zu ihren Pferden. Wie leben die Pferde, wie verhält sich der Mensch ihnen gegenüber, wie spricht er über sie? Behandelt er seine Pferde mit Liebe und Respekt oder sind sie nur ein Sportgerät für ihn? Verbreitet er Dominanz- und Rangordnungsgedanken oder geht es um ein harmonisches Zusammensein mit dem Pferd und um faire Trainingsmethoden?

Egal, ob Freizeitreiter oder professioneller Reitsportler, egal, wie viele Schleifen und Titel jemand gewonnen hat, schau dir an, wie es den gezeigten Pferden geht. Zeigen sie Stress- und Schmerzzeichen beim Reiten? Haben sie Spaß an der Arbeit mit ihren Menschen?

Gute Vorbilder sind solche Menschen, die dich inspirieren und dir vorleben, wie sie auf die Bedürfnisse ihrer Pferde eingehen. Die versuchen, authentisch zu sein, und nicht nur einen tollen Turnierritt zeigen, sondern auch das tägliche Training dafür. Oder die sich gegen Turniere entscheiden, weil das Pferd zeigt, dass es sich mit einer solchen Situation nicht wohlfühlt.

Ein gutes Vorbild muss nicht perfekt sein und keine Perfektion vermitteln, sondern dich motivieren, dich zum Wohl der Pferde selbst verbessern zu wollen.

### Was du dir anschaust, wird dein „Normal"

Auf Instagram gibt es Reitfotos mit Tausenden von Likes, die Pferde mit zugeschnürtem Sperrriemen zeigen, die mit dem Kopf deutlich hinter der Senkrechten laufen, Pferde mit einem in Rückenlage oder im Hohlkreuz sitzenden Reiter oder mit einem Reiter, der die Fersen hochzieht, um mit Sporen zu treiben. Wenn du immer wieder solche und ähnliche Szenen auf Fotos und in Reels anschaust, prägen diese Bilder deine Vorstellung davon, wie ein Reiter sitzen und in welcher Haltung ein Pferd laufen sollte. Diese Fotos sehen vielleicht toll aus, weil das Licht stimmt, das Outfit von Mensch und Pferd farblich abgestimmt ist, der Stirnriemen zum Glitzer an den Stiefeln oder am Sattel passt – aber ist das ein Like wert?

Es geht nicht darum, nur perfektes Reiten zu zeigen, sondern es geht um das fehlende Bewusstsein, dass an diesen Bildern überhaupt etwas falsch ist. Versuch dir Vorbilder zu suchen, die auch reiterlich nach Verbesserung streben und deren Ideale mit deinen übereinstimmen.

## Konsumgesellschaft Pferdewelt

Wenn man manchen Pferdeaccounts folgt, hat man den Eindruck, es geht beim Reiten vor allem darum, perfekt angezogen zu sein und ständig neues Zubehör fürs Pferd zu kaufen. Zu jedem Einkauf im Reitsportgeschäft wird anschließend ein Haul gemacht, es werden Pflegeprodukte für Hufe, Mähne und Schweif vorgestellt, und erstaunlicherweise tragen scheinbar alle Pferde-Influencer außerhalb des Stalls die gleichen Socken.

Bestimmt ist dir klar, dass Influencer damit Geld verdienen, für Produkte zu werben und dir zu erzählen, wie überzeugt sie von der Wirkung ihrer Futterzusätze sind. Aber trotzdem: Je öfter du etwas siehst, desto eher möchtest du es auch haben. Und wenn jemand, den du bewunderst, ein Produkt bewirbt, muss es doch gut sein, oder?

In den letzten Jahren standen auf meinen Weihnachts- und Geburtstagswunschzetteln – neben einigen Büchern – eigentlich immer Reitklamotten und Pferdesachen. Auch von meinem Taschengeld kaufe ich immer mal wieder neue Halfter oder Schabracken. Erst mit der Zeit ist mir klargeworden, wie die Produktion all dieser Dinge sich auf unsere Umwelt und den Klimawandel auswirkt. Es ist schon krass, wie sehr wir selbst durch unseren Konsum unsere eigenen und die zukünftigen Lebensbedingungen unserer Pferde beeinflussen. Wusstest du, dass durch die extrem heißen Sommer in vielen Teilen Deutschlands der Fruktan- und der Gesamtzuckergehalt im Heu in den letzten Jahren immer weiter gestiegen ist? Heu ist ein absolutes Grundnahrungsmittel für Pferde, aber zu viel Zucker verursacht Stoffwechselerkrankungen, die zum Beispiel Hufrehe auslösen können. Es macht also durchaus Sinn, die bunte Social-Media-Werbepferdewelt ebenso wie seine eigenen Konsumgewohnheiten kritisch zu hinterfragen. Und man kann darauf achten, welche Unternehmen nachhaltig produzieren, welche Dinge man wirklich (neu) kaufen muss und was man gebraucht kaufen oder wiederverwenden kann. Dem Pferd ist es ganz sicher egal, welche Farbe das Halfter hat.

## Beinschutz als Deko

**Damit beim Reiten das Outfit stimmt, muss nicht nur die Reithose oder das Shirt zur Schabracke passen, sondern auch die Fliegenohren und die Bandagen farblich abgestimmt sein. Doch stopp – Beinschutz als Deko? Wusstest du, dass Gamaschen und Bandagen die Durchblutung und den Lymphabfluss im Pferdebein reduzieren können? Bewegt sich das Pferd, steigt durch die Muskelaktivität die Körpertemperatur und der Beinschutz kann verhindern, dass die Wärme nach außen abgegeben werden kann. So steigt das Risiko einer Überhitzung an den Sehnen. Beinschutz solltest du also nicht aus optischen Gründen benutzen, sondern nur in Situationen, in denen er wirklich nötig ist, um Verletzungen zu verhindern, etwa beim Springen (besonders über feste Hindernisse), im Extreme Trail, im Speed Trail der Working Equitation oder in unwegsamem Gelände.**

Manche Fehler sind offensichtlich, andere werden durch viele Likes zu einem falschen Vorbild, wie der runde Hals des deutlich hinter der Senkrechten gehenden Pferdes.

Illustration © Verena Geiger

Foto © Madeleine Franck

# Danke

Der größte Dank geht auf jeden Fall an meine Mama, ohne die dieses Buch nicht möglich gewesen wäre. Danke Mama für deine Geduld, deine wertvollen Tipps zum Schreiben und all die Zeit, die du mit mir in dieses Projekt investiert hast. Danke Papa, dass du uns verrückte Pferdemädchen immer unterstützt, auch wenn wir stinkende Pferdesachen überall ausbreiten.

Ein riesengroßes Dankeschön geht an Katharina und Claudia dafür, dass ihr sofort bereit wart, meine Idee umzusetzen und euer Wissen über pferdegerechtes Reiten an alle jugendlichen Pferdefans weiterzugeben!

Danke Marlitt Wendt für dein Gastkapitel und danke Verena Geiger für deine tollen Illustrationen. Danke Royal Horsemen für die zur Verfügung gestellte Reitbekleidung.

Und natürlich möchte ich mich bei den Hauptdarstellern dieses Buches bedanken, auch wenn sie das nicht lesen können: Danke Dúfa, du bist das absolut beste und coolste Pferd der Welt. Danke auch an die beiden Lissys und an Bonnie, dass ihr mir so viel über Pferde und übers Reiten beigebracht habt. Ich bringe euch morgen eine Karotte mit! Nicht zu vergessen sind Hércules und Vince, die so perfekt gemodelt haben.

Außerdem danke an Carina und Mareike, dass ihr mir eure tollen Ponys anvertraut.

Last but not least möchte ich Gerlinde dafür danken, dass sie dieses Buch mit so viel Liebe gestaltet hat!

Sontje Franck

# Podcast-Tipps für kostenloses Pferdewissen

**OsteoDressage-Podcast**
Katharina Möller-Weingand und Claudia Weingand

**Kernkompetenz Pferd Podcast**
Dr. vet. med. Veronika Klein

**Takt und Verstand. Der Islandpferde Podcast**
Melanie Schiess und Svenja Linder

**fair.stärkt – gewaltfreier Umgang mit Pferden**
Nadine Senekowitsch und Wibke Deutsch, wechselnde Interviewpartner

**Wehorse Podcast**
Wechselnde Interviewpartner

# Buchtipps

**Basis-Guide für feine Hilfen.** Ein praxisnaher Belgleiter auf dem Weg zur Reitkunst.
Katharina Möller, Cadmos Verlag, 2013

**Longieren als Dialog.** Vielseitiges Logentraining mit Kappzaum.
Katharina Möller, Cadmos Verlag 2023

**Was fühlt das Reitpferd?** Signale richtig deuten - Partnerschaft verbessern.
Marlitt Wendt, Kosmos 2018

**Sprachkurs Pferd: Pferdesprache lernen in 12 Schritten.**
Sharon Wilsie, Gretchen Vogel, Kosmos 2018

Royal Horsemen
Pferdeverrückt. Familienmensch. Spaß bei der Arbeit.
Diese Worte haben für uns eine besondere Bedeutung
und beschreiben uns wohl auch am besten.
Wir sind ein junges und familiengeführtes Start-Up für Reitmode,
das sich zur Herzensangelegenheit gemacht hat,
die Nachhaltigkeit im Reitsport zu etablieren.
@royalhorsemenofficial
Zum Shop
SCAN ME
www.royalhorsemen.de